1900

JUILLET — DÉCEMBRE

LA REVUE NATURISTE

(NOUVELLE SÉRIE)

TOME IV

ADMINISTRATION ET RÉDACTION
22, RUE THÉODORE DE BANVILLE (XVIIe)
ÉDITEUR
P.-V. STOCK, 27, rue de Richelieu (Ier)
Téléphone : 238-70
PARIS

RODIN

O sculpteur, hors du bloc découpé grain par grain,
Tire la belle nymphe et fais briller sa face,
Change la pierre en dieu terrible et souverain,
Délivre le héros du roc qui le terrasse !

Elève l'homme informe à la fleur de sa race,
Environne son corps d'un vêtement d'airain,
Rends-le fort, qu'il s'élance en ébranlant l'espace
Comme un ange qui sort de l'enfer souterrain !

De B.

J'ai cru longtemps que la douleur devait être exclue de l'étude de l'art. Cette passion dérive en effet d'une dépression de la vie incompatible avec l'idée que je me faisais de la perfection. Représenter toute chose dans sa période de force tel était alors mon but. C'est pourquoi l'état de joie, avec lequel se développent toutes les facultés de l'être, me semblait contenir le plus de vertu, mériter le plus de louange, provoquer le plus de sagesse et produire le plus d'éclat.

Je m'efforçais donc de détruire tout ce qu'il y avait de misérable en moi, je travaillais à acquérir une félicité complète. Les formes de la mélancolie, avec leur affaissement partiel ne me satisfaisaient point et m'étaient même fort odieuses. Les *Dianes Chasseresses*, les toiles poudroyantes de Luini et de Puvis, les odelettes des *Rues et des Bois*, c'étaient là les œuvres que je préférais comme exprimant l'existence dans ses périodes d'allégresse. Moi-même alors je m'appliquais à découvrir partout des raisons de jouissance, à trouver le monde admirable, et à devenir heureux, c'est-à-dire à mon sens, à me perfectionner.

Depuis cette époque, ayant médité d'une manière plus stricte et plus rigoureuse, j'ai compris que la douleur, loin d'affaiblir renforçait, par la participation de l'être au mystère tragique que ce sentiment crée et favorise. Car si devant l'Apollon grec nous pressentons une évolution plus paisible et plus précieuse, en présence des *Cariatides*, nous devinons l'horreur de certaines hiérarchies. La contemplation des œuvres de Phidias inspire à notre âme une paix religieuse, celle des Esclaves de Michel-Ange nous rend belliqueux et augmente nos forces. Le sentiment de la justice, voilà ce qui résulte pour nous de la vue des marbres antiques, le désir de l'exécuter se trouve surexcité par, le spectacle des *Nuits*.

Ce qui rend telle ou telle œuvre soit plus, soit moins belle que telle ou telle autre, ce n'est ni son sens générique ni sa nature, c'est le degré d'exactitude, de passion et d'exaltation de son auteur. Voilà ce qu'il faut comprendre une bonne fois. L'ode n'est pas inférieure au drame, l'accent élégiaque au ton héroïque, la musique à la sculpture, la philosophie à la poésie. Voir profondément la réalité et la reproduire en traits vigoureux, de quelque façon que ce soit, tel est le travail à exécuter ; l'accomplir est difficile d'une manière égale sous n'importe quelle forme. Au prix d'efforts continus, de sacrifices perpétuels, d'abnégations de tous les instants de la vie, et d'une patience sans variation ni défaillance, l'artiste arrive à opérer cette métamorphose des choses en beauté, buste, ariette, symphonie, toile, hymne ou tragédie, que l'homme de génie lui-même réussit difficilement.

*
* *

Rodin est un auguste exemple de ces principes. Ses œuvres sont pures et abruptes. Il a traduit dans la pierre les émotions de la mort, de l'amour et du malheur. Il a imprimé au marbre les mouvements qu'avaient tout d'abord provoqué en lui ses passions secrètes. Il les a inscrites en traits inflexibles.

Rodin est un grand souffrant, la tristesse est toujours présente dans ses ouvrages. Qu'il représente des êtres torturés par l'amour, des héros s'affaissant soudain sous l'esclavage, des formes pathétiques ou tendres telles que l'*Icare*, le *Désespoir,* ou les figures furieuses *de la Porte de l'Enfer,* ce sont néanmoins des types chez lesquels la passion afflue avec toujours la même force. Car c'est là une chose qu'il faut remarquer, Rodin ne représente les hommes qu'aux époques extrêmes de leur désespoir, mais il vient à temps pour les exprimer, il les voit lorsqu'ils sont déjà sur le rocher, et qu'ils vont se précipiter dans les abîmes, il arrête alors leur dernier désir et il reproduit leur image à laquelle une si grande tristesse crée une attitude digne de l'esthétique.

*
* *

Si Rodin est un élégiaque, s'il a fait son œuvre avec sa douleur, si ses statues représentent l'homme dans des états d'amertume, il n'en est pas moins admirable et pas moins beau. D'ailleurs, afin de vérifier le sens de sa mélancolie, il faut en rechercher les causes fondamentales. Il semble qu'il y en ait deux : le regret de la beauté et la souffrance de l'amour. Les *Baisers* et les *Icare* sont en effet les figures que Rodin reproduit avec le plus de goût, de persistance, de charme et de continuité. La nostalgie et l'amertume sont les sentiments qu'il exalte sans cesse. Le regret de ce qu'il n'a plus et la déception qui suit tout désir aussitôt réalisé, voilà la double source de l'esprit de Rodin. Par là ce sculpteur révèle son génie, il montre qu'il surpasse Puget et Carpeaux, et qu'il égale Michel-Ange.

Pour se convaincre de la beauté dont la douleur est capable, il suffit d'examiner la *Porte de l'Enfer*, par exemple, ou l'*Amor fugit* ou toute autre statue. Là, les formes gardent toute leur splendeur sans prendre aucun des signes de la félicité ; les courbes de la passion tragique sont inscrites dans la pierre vivace et fléchissante, la forte périphérie des blocs imite la configuration des types sacrés. Tous les mouvements de l'âme humaine, Rodin les imprime au marbre qui se meut, se gonfle, étale sa croupe, s'enfle ou tourne et s'affine, selon les aspects expressifs de son modèle. Quand Rodin grave dans le paros les impulsions de son être, il modèle des œuvres tout à fait sublimes. Aucun sculpteur avant lui, n'avait traduit avec tant d'art ferme et solide, tant d'exactitude constructive, tant de délicate et nette précision, les différentes secousses qui agitent la pensée (1).

La véritable œuvre est là. Rodin est bien artiste du rêve et de l'amour. Il a taillé dans la pâte des visages vivants d'une passion complète. Il a restitué aux types des amants, des poètes et des héros, leur figure sacrée, élégiaque et nue. Il a réussi à grandir Hugo en lui

---

(1) Le grand perfectionnement que Rodin a apporté à la statuaire a été de substituer à l'étude de la dynamique l'étude de la statique, je veux dire par là, à la science de l'équilibre stable celle de l'équilibre mobile, et en quelque sorte enfin, de glorifier la danse plutôt que le repos.

bâtissant la plus belle statue. Il est inimitable dans l'expression de l'âme.

Car voilà la grande nouveauté : Rodin a pétri des êtres pourvus d'un esprit et d'un sentiment. Il est parvenu à le faire par la simple observation de la nature et du monde.

Amants qui se baisent sur la bouche avec l'expression la plus sombre et la plus vaine, satyres dont le corps est soulevé par la luxure, nymphes éprises qui vont toutes gonflées d'une sève brûlante, Icares se fracassant les ailes sur des rocs bruts, bacchantes aux fronts chargés d'ivresse et de désir, dryades terribles, farouches, cruelles et impudiques : telles sont les figures qu'exécute Rodin, auxquelles il revient sans cesse, dont la reproduction le tourmente et le hante. Il mêle les types enlacés aux héros mélancoliques. Il est triste et libidineux, il oppose le plaisir aux larmes, il fait contraster la mort et l'amour, il unit parfois sur le même visage l'expression la plus cruelle et le sourire le plus tendre, il supplicie et il charme, il découvre au même moment la torture de la luxure et l'enivrement de la volupté. Ainsi ce grand homme est un érotique.

Aucun artiste avant Rodin n'avait éclairci à ce point le mystère sacré de la volupté. Les *Baisers*, *l'Emprise*, *l'Eternel Printemps* quels groupes délicieux, tragiques et exquis ! Ce sont des images de l'amour tout à fait extraordinaires. L'amertume sauvage des amants, la fumante horreur des femmes possédées qui devant le faune s'effarent tout à coup, le hérissement furieux de l'être épouvanté, les chutes, les nostalgies, les détresses du silence et les lamentations : voilà ce que Rodin a traduit avec force, en incarnant dans le roc toutes les formes voraces de la volupté.

Ces figurations de l'amour sont admirables. Elles rappellent les danses éleusiaques, les antiques cortèges des bacchantes, la cérémonie religieuse de la luxure. Elles commentent les livres hindous, elles expliquent les rites du *Kama-Çoutra*. Elles justifient aussi bien des dissertations de Pascal que les hymnes de Diderot, de Gœthe et de Zola.

Les *Trois Faunesses* sont, en ce sens, un exemple extrêmement beau. C'est un petit groupe d'un sublime éclat.

Tournant dans le paysage, Rodin les a représentées, grêles avec des corps délicats, de longues cuisses prêtes aux possessions, des flancs enflés d'une sève chaude, dans un bondissement de l'être tout entier. Il y a là une science des rythmes, une précision d'expression, une qualité de luxure qui font de ces trois statuettes un chef-d'œuvre ardent, naïf et parfait !

*
* *

Autour de certaines figures, la *Pensée*, le buste de *Mirbeau*, un des *Baisers*, par exemple, Rodin laisse intacte tout un plan de pierre. On devine là un sentiment d'une beauté irrésistible. En nous montrant ses héros reliés de si près à la terre obscure, déjà près de s'y dissoudre et retenus encore par son seul effort, Rodin nous enseigne les sources de la vie. Il nous rappelle que ces statues sont tirées de la roche abrupte comme les hommes le sont du limon terrestre, il nous apprend par quel travail la substance inerte est devenue forme vive, il nous permet de réfléchir sur la construction pathétique les types. Pourvu de volonté active, voilà ce que devient le roc, nous dit Rodin ; un être inconnu palpite dans marbre, il m'appartient de le faire vivre et c'est ce que sans cesse je cherche à accomplir. Ainsi nous voyons, grâce à ce grand homme, comment la terre inanimée s'est différenciée en toutes sortes de blocs, en lesquels se prolonge son rythme et se perpétue son mouvement vital. Nous comprenons l'harmonie. Nous nous rendons compte du rapport des choses. Nous assistons à la naissance d'une multitude d'êtres que Rodin extrait lentement hors du sol, doue de pieds, de mains, d'entrailles et de tête, et jette ainsi tout vivants parmi la surface du globe.

---

(1) Contrairement à l'opinion générale, je n'aime pas le *Balzac*. Non, que je n'admette point la théorie qui a inspiré à Rodin cette œuvre énorme et abrupte sans mouvement profond ni courbe naturelle. Mais je ne lui trouve point l'accent et l'harmonie du Hugo, bien supérieur selon moi.

*
* *

Mais avant tout, il faut le dire : Rodin est un grand sculpteur. Il ne nous émeut pas seulement parce qu'il éclaircit telle ou telle notion, mais parce qu'il crée des types complets, délimités et précis. Les méditations qu'inspirent ses statues, ne dépendent de rien d'autre que de leur qualité, de leur force de construction et de l'excessive frénésie de leur action.

Un artiste énorme et sûr, capable de transmettre au bloc ses secousses, de lui communiquer l'impulsion de la terre, de propager en lui des cadences pathétiques, tel est Rodin proprement. Que par surcroit il excite la rêverie ou la passion, il n'y a rien là que de naturel. Tout ouvrage exact et beau suscite et inspire la pensée, en l'augmentant. Chez un sculpteur comme Rodin le principal est la forme. La philosophie, les notions, le sentiment et la sagesse sont inséparables d'une science positive, d'une exécution complète et d'une esthétique pratique. Voilà pourquoi, sans nulle autre chose, Rodin doit d'abord être aimé comme un technicien sublime et sévère.

« Rodin, a dit Mirbeau, c'est un sculpteur païen. » Cette définition est la seule exacte. Rodin en effet a le sens des formes, des enlacements et du monde. Il connaît le vrai secret parce qu'il étudie la réalité. Il sait les mouvements des sphères qu'il montre agitant les hommes énivrés, les bacchantes farouches et noires, les satyres terribles, les héros divins. Il a un génie érotique, il est dyonisiaque, il chante la nature.

Soit qu'il étudie la pensée par la représentation de *Hugo* ou des *Bourgeois*, soit qu'il provoque par ses *Baisers* les sentiments de l'amour, soit qu'il instruise et raffermisse par ses bacchantes et ses faunes, Rodin est toujours admirable, toujours parfait et précis, toujours salutaire et beau. C'est un héros douloureux, c'est un esprit riche et fort, c'est un génie strict et rare. Il a tous les dons que demande son art. Il plie la matière, la découpe, la travaille et la modèle selon l'expression qu'il veut lui donner. Il a le sens de la vie et les facultés de la reproduire. Il ne surpasse pas Michel Ange, parce qu'à un certain degré il n'y a que des égaux. Il ne ressemble à personne *si ce n'est à l'homme* et cela suffit. Il est donc un grand statuaire, un tailleur de marbre de la plus haute science, un ouvrier qui dans la terre sculpte des figures éternelles lorsqu'il le désire et quand il lui plaît. Voilà tout uniment ce qu'est Rodin.

SAINT-GEORGES DE BOUHÉLIER.

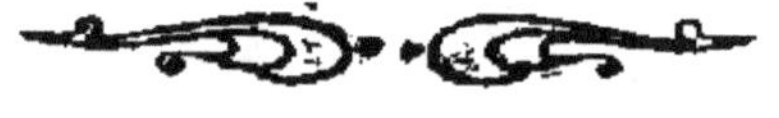

UN POÈME INCONNU

FÉROCE

Tu m'as vu mourant presque
Ou plutôt presque mort,
Formant une arabesque
De mon bras qui se tord,

Ecarquillant des yeux
De folie et de rêve
A soi-même odieux
Attendant qu'on les crève,

Balbutiant des sons
Sans jamais les produire,
Moi, chanteur de chansons,
Sans pouvoir te les dire... !

Je crois, on me l'assure,
Qu'alors une pitié
Te prit (non sans mesure)
Puis, désapitoyé,

Ton cœur cria : « C'est bien lui qu'il faut qu'on torture ! »

Paul VERLAINE.

VARIATIONS
SUR LA LITTÉRATURE

V

MARCEL PRÉVOST

Il est bien difficile de parler de M. Prévost. Quand la première idée m'en est venue, j'en pensais dire beaucoup de mal. Je ne l'avais point lu. Sur l'inspection de ses titres et la sorte de tapage qu'on avait fait autour de lui, je me le représentais comme un homme de lettres assez vulgaire. Je me suis formé une opinion plus favorable à la lecture.

M. Marcel Prévost est un bon romancier, je veux dire qu'il sait faire un roman. La fabrication des *Demi-Vierges*, de *la Confession d'un Amant*, du *Jardin Secret*, est excellente : de l'intelligence, de la composition, de l'ordre. Ces romans sont faits sur mesure pour la bonne société. Les dosages sont justes, exactement ce qu'il faut de sentiment, de légèreté, d'élégance et de délicatesse. Mais quel sentiment ! quelle délicatesse ! et quelle élégance !

Avec le plaisir que j'ai éprouvé à feuilleter des ouvrages bien faits, bien propres, du travail de polytechnicien, j'ai été incommodé précisément par l'excès de la fabrication. — Je ne sais pas si M. Marcel Prévost a beaucoup vécu, peut-être s'est-il trouvé lui-même dans de nombreuses situations, cependant je préfère ne point le supposer : vraiment il y aurait senti trop peu de choses. J'incline à croire qu'il a imaginé tous ses romans, que leur action n'a aucune analogie avec sa propre vie ; cela m'expliquera leur faiblesse. Si lui-même, en effet, avait été le demi-amant de Maud, il eut rapporté de là d'autres sensations que celles, si pauvres, de ce bel animal humain nommé Julien ; il n'a pas éprouvé non plus, sans doute, les sentiments de l'*AMANT*, Frédéric, ils sont trop vides et trop faux. Tout cela est creux, conventionnel, dénué de vie. Ce sont des sentiments fabriqués. Dans ses romans, on souhaiterait qu'il y eut cinq ou six livres de composition en moins, pour deux ou trois litres de sang en plus. M. Prévost a bien fabriqué quelques personnages, mais il a oublié de verser du sang dans leurs veines.

Le style aussi est désolant, on comprend qu'il ne choque point cinquante mille lecteurs, mais il est impossible qu'il n'en écœure pas fortement une bonne centaine au moins

Quand pour la première fois, l'idée m'est venue de parler de M. Prévost, je pensais en dire beaucoup de mal : je ne l'avais point lu. Je me suis formé à la lecture une opinion plus favorable.

*
* *

Je ne fais pas à M. Prévost un grief de n'avoir pas vécu : tout le monde vit. Il a vécu à sa manière. Mais sa manière est sans doute insuffisante, au moins pour un romancier.

Je me demande pourquoi écrire des romans, si ce n'est pas pour exprimer une façon originale, particulière ou simplement profonde de sentir la vie. Quand M. Barrès s'est mis à écrire, on a compris pourquoi, quand Elemir Bourges, les Rosny, Octave Mirbeau, se sont mis à écrire on a compris pourquoi, quand Camille Lemonnier, Paul Adam qui m'est contraire, ou Huysmans que je n'aime pas se sont mis à écrire, on a compris pourquoi. Ces auteurs ont à dire, ils sentent, ils vous enseignent toujours quelque chose, ils vous font saisir une certaine façon de sentir la vie, ils vivent devant vous ; ainsi ils remplissent le but du roman, qui n'est pas un autre, d'ailleurs, que celui de n'importe quel art. Je les appelle des écrivains (c'est ainsi que j'appelle un écrivain M. Paul Adam, par exemple, qui écrit mal).

Mais que M. Marcel Prévost se soit mis à écrire, et des romans, cela je ne le comprends pas.

Il ne suffit pas, en effet, d'être un bon fabricant pour faire un romancier, auparavant il faut avoir été un bon *vivant*. Les romans ne sont doués d'intérêt et de force que par la vie, votre vie que vous leur communiquez. M. Prévost connait-il ce passage d'Anatole France, à propos de Leconte de Lisle (1) : « *Ce poète impersonnel, qui s'est appliqué avec un héroïque entêtement à rester absent de son œuvre, qui n'a jamais soufflé mot de lui-même et de ce qui l'entoure, qui a voulu taire son âme, et qui cachant son propre secret, a fait parler les dieux et les héros de tous les temps,.... ce poète finalement ne peint que lui, ne montre que sa propre pensée, est seul présent dans son œuvre, ne révèle sous toutes ses formes qu'une chose : l'âme de Leconte de Lisle.* »

Et France ajoute : « *Mais c'est assez. Les plus grands n'ont pas fait davantage. Ils n'ont parlé que d'eux. Sous de faux noms ils n'ont montré qu'eux-mêmes. M. Ledrain a dit un jour dans la* Revue positive *que Renan faisait son portrait dans toutes ses histoires et qu'il s'était représenté notamment dans l'*Ante-Christ *sous les traits de Néron. Renan n'en reste pas moins le plus sage des hommes.* »

On ne peut pas se séparer de soi-même. Et comme il n'y a, au fond, que sa propre vie qu'on connaisse bien, c'est toujours d'elle qu'il faut tirer toutes les couleurs de ses peintures. — La plupart des romans de Balzac sont animés par le sentiment d'amour idéal, supraterrestre qui était propre à l'âme de ce grand homme.

---

(1) *La Vie Littéraire.*

Stendhal, si fort dans la peinture des intrigues de la société, des petites cours, a seulement rapporté ou agrandi des traits de sa propre existence. M. Jean de Mitty nous le montrait l'autre jour arrivant à Paris et couvrant des petits carnets de notes sur ce qu'il fallait penser, dire et faire dans le monde pour parvenir. Les romanciers contemporains que je citais tout à l'heure, on les retrouve eux-mêmes à chacune de leurs pages. M. Prévost, lui, je ne le découvre nulle part. Je n'arrive pas, dans ses romans, à imaginer son caractère, sa nature. J'en suis réduit à supposer qu'il en est dépourvu. C'est bien le plus grand malheur qui puisse arriver à un romancier.

Il ne suffit pas, en effet, pour être un romancier de dire : « Je vais raconter une histoire, le monsieur sera ainsi, la dame comme cela ; logiquement ils ne peuvent pas agir autrement que de telle et telle façon. Je le raconterai ; mon histoire sera vraie. » Non, elle ne sera ni vraie, ni vivante. Pour faire vivant et vrai, il faut avoir vécu analogiquement avec ce qu'on décrit, puiser dans sa vie la vérité intérieure de son sujet, l'animer par ses propres souvenirs, ses propres sentiments.

Or, les Gens de Lettres ont mis à sa place M. Marcel Prévost en l'élisant leur président. Cela est fort juste, en effet ; car, s'il ne serait pas exact de dire de lui que c'est un romancier, ou que c'est un écrivain, on peut en dire que c'est un homme de lettres.

Cependant pour M. Prévost ce n'est point suffisant, il se croit romancier. Voilà une erreur singulière.

* * *

Je viens de lire *Frédérique* (1). C'est le plus considérable effort de l'auteur de *Cousine Laura*. Voulant consolider sa réputation il a fait un roman sérieux : malheureusement il arrive que ce roman sérieux est mortellement ennuyeux. Je préférais encore ses médiocres histoires de petits adultères ou de filles vicieuses.

Frédérique : un livre très gros, mais qui ne contient rien. Avec les premières pages, les qualités et les défauts de notre Homme de Lettres apparaissent pour ne plus le quitter : c'est bien composé, nettement, c'est clair, précis, ordonné, mais pas un mot expressif, pas une épithéte qui déclanche l'émotion, ce n'est pas senti, cela ne vit pas ; des personnages forcés ou incomplets, des pantins mécaniques : jamais le trait qui peint un caractère, jamais le rayon de lumière qui illumine instantanément la psychologie d'un être. De ce livre, le faux romancier ressort pleinement. En 500 pages, M Marcel Prévost n'arrive pas à créer une figure humaine ; toutes celles qu'on y voit, Frédérique, Léa, Georg, sont opposées à la vérité. Il est impossible, par exemple, qu'une femme belle comme Frédérique, qu'une *femme*, soit aussi dépourvue d'émotion ; impos-

---

(1) *Frédérique*, roman (Lemerre, éditeur).

sible de même, qu'à la fin de l'histoire, Léa emportée par l'amour, puisse être ramenée à Pirnitz par les sophismes de celle-ci; impossible encore que Georg soit resté pur vingt cinq années de sa vie, ou alors tout ce qu'il éprouve en Italie n'est point résumé, ni reflété dans les pages froides et mal écrites de ses lettres. J'ai noté pour vous la page où l'auteur raconte comment Léa, fille vivante et amoureuse, devient cet être bizarre qu'il appelle une vierge forte. — Elle a eu trois jours de fièvre, il en conclut :

Elle était sûre désormais de ne point faiblir. Ce qui restait en elle de la femme, de l'amoureuse avait été consumé par les soixante heures de fièvre, et maintenant elle n'était plus un être féminin de chair, de sang et de nerfs : elle était la vierge forte que les sollicitations de l'homme ne sauraient détourner de ses voies.

Avez-vous lu souvent quelque chose d'aussi ridicule? Quelle psychologie! Conçoit-on cet accès de fièvre qui suffit à transformer complètement la personne morale d'une héroïne. C'est véritablement enfantin. N'importe quelle évolution morale a des milliers de causes, les unes visibles et analysables, d'autres insaisissables et fuyantes, en démêler l'écheveau nécessite beaucoup de cœur et de raison. M. Prévost s'en tire plus facilement et plus vite en disant : « elle a eu la fièvre, le lendemain elle n'était plus la même. » Et partout c'est ainsi, c'est aussi fort; nulle part de cette logique humaine qui vient de la vraie connaissance de la vie. D'où un malaise insupportable quand on tourne les pages de ce livre à psychologie de feuilleton.

M. Marcel Prévost n'est pas un romancier.

*
* *

Si maintenant nous examinions ses idées. Il a placé dans la bouche de Pirnitz, l'apôtre féministe, ou de Frédérique son élève, les phrases suivantes :

J'ai toujours remarqué plus d'abnégation, d'ardeur et de sincérité chez celles des nôtres qui ne connurent point d'homme. La vierge sage peut être une femme forte, la vierge forte demeure l'idéal de la femme à venir, toujours assez de jeunes filles se marieront, l'humanité n'est pas près de décroître. Un jour viendra où l'aristocratie des femmes sera composée de vierges fortes.

L'égalité des sexes, elle l'aura ; mais c'est peu. Les hommes ne sont pas des êtres si parfaits que leur ressembler soit l'idéal. Il faut créer des femmes très supérieures aux hommes existants. La femme régénérée doit régénérer ses maîtres. Elle sera la prêtresse de l'avenir dominant les religions discutées ou mortes. Par elle, le vice mauvais disparaîtra. Les vierges fortes referont le monde.

La saine doctrine, c'est que la femme est un être libre, une personne, et non pas le reflet d'une autre personne, l'annexe d'un autre être : en un mot que l'appui de l'homme ne lui est pas indispensable.

La vierge forte est un type d'idéalité, de liberté féminine. Il est certain que les passions émoussent le goût de la liberté, qu'elles ôtent aussi une part de lucidité intellectuelle.

Ces théories, M. Prévost les préconise, la fin de son roman le montre bien. Elles sont absurdes ; s'il y croit sincèrement, c'est une preuve qu'il n'a jamais rien compris à la femme, ce qui est assez visible, d'ailleurs dans tous ses livres. Considérons donc ces propositions.

Est-il vrai de dire que la vierge sage puisse être une femme forte ? — Non, cela ne me semble pas vrai. Seule, la *femme* peut être une femme forte. L'être féminin a besoin d'avoir connu toutes les joies et les douleurs de son sexe. Il ne sait aimer l'humanité, se dévouer pour elle que s'il a aimé d'amour ; si l'on m'oppose les filles de charité, jè répondrai que les sublimes d'entre elles ont généralement connu l'amour, soit l'amour humain, soit une élévation vers Dieu, un amour de lui exalté, profond et complexe qui a bien des rapports avec celui de l'homme. Il n'est donc pas juste de penser que l'aristocratie des femmes sera composée de vierges.

Faut-il créer des femmes supérieures aux hommes existants ? — Oui. Mais à condition de créer également des hommes supérieurs aux hommes existants. C'est seulement ainsi qu'on élèvera l'humanité. — Est-il vrai de penser que ce sont les vierges fortes qui referont le monde ? — Non. Pour moi, ce sont les hommes supérieurs autant que les femmes supérieures. Les uns et les autres apporteront un peu plus de beauté et de vérité dans les relations humaines, et dans les formes sociales.

Est-il vrai de dire que la femme est le reflet d'une autre personne ? — Non. La femme est femme, l'homme n'a d'influence sur elle qu'autant qu'elle en a sur lui, leurs propres natures se tempèrent et se corrigent mutuellement ; c'est cet échange d'influences, de forces contraires qui fait l'équilibre du couple. Aussi je crois que l'appui de l'homme est indispensable à la femme de même que je crois l'appui de la femme indispensable à l'homme.

Peut-on dire qu'il est certain que les passions ôtent une part de lucidité intellectuelle ? — Il me semble au contraire que rien n'est moins certain : les passions approfondissent l'âme et l'esprit, et font apercevoir des choses que ceux qui ne sont pas passionnés ne connaîtront jamais.

***

On voit que les idées contenues dans *Frédérique* ne sont pas très solides. Elles sont plutôt paradoxales et inhumaines. Elles mettent en avant un féminisme faux, utopique, sectaire, anti-social et anti humain, basé sur une observation inférieure et incomplète. La morale de ce féminisme là — cette crainte de l'amour, ces pauvres lieux communs sur la chair — est aussi pernicieuse et fausse que la morale catholique. Elle n'est pas dans le sens de la vie. Pour une doctrine. de progrès, elle est singulièrement rétrograde.

Afin de soutenir son roman, M. Marcel Prévost publie au *Figaro* des chroniques féministes. Il lâche, là aussi, bien des énormités. — Plusieurs romanciers et dramaturges ayant écrit des romans ou des pièces dites féministes, M. Prévost nous annonce l'avénement d'une femme nouvelle. C'est un pauvre raisonnement. Il est aussi injuste de dire : le nombre des *femmes nouvelles* augmente, voyez les pièces de Brieux, que de dire : les lesbiennes augmentent, voyez les romans de Louys. Les romanciers découvrent une mine à creuser et en profitent, ou bien ils travaillent selon leur nature, — et voilà tout. En tirer une conclusion ferme sur le point qui nous occupe, ce n'est pas sérieux.

Notre chroniqueur dit encore que les femmes deviennent beaucoup plus intelligentes ; et la preuve pour lui c'est qu'il y a beaucoup plus de femmes qui écrivent. — Hélas ! je préférerais qu'il n'y en eut qu'une seule et qu'elle s'appelât Mme de Stael ou Georges Sand.

Non, M. Prévost, il n'y a pas de femme nouvelle. La femme nouvelle est de votre invention, et je viens de le montrer, votre invention n'est pas fameuse.

*
* *

Les justes revendications que fait valoir la femme lésée, je les comprends et je les soutiens. Nul n'est plus féministe que moi. Mais croire, comme il est dit dans *Frédérique*, que la femme veuille répudier l'amour, ou même seulement y changer quoi que ce soit, — je ne le peux pas. Ancien ou moderne, toujours semblable, toujours pareil à lui-même dans son essence et dans sa forme, l'amour est éternel. L'homme toujours sera la joie de la femme, et la femme toujours la joie de l'homme.

Si vous voulez embellir l'humanité, embellissez le couple, développez dans l'un et dans l'autre ses qualités propres, les caractères de son être. Purifiez, approfondissez, élargissez l'intelligence masculine ; développez chacun selon lui-même. Ne cherchez pas à ajouter des qualités nouvelles, à faire fleurir des plantes sans germe, contentez-vous d'épanouir les fleurs de celles qui en ont. Que la femme se développe en féminité, l'homme en masculinité, et le couple sera embelli.

Le Féminisme ne sera véritablement grand et fécond que lorsqu'il existera à côté de lui, parallèlement à lui, un Hominisme correspondant. S'il se borne à revendiquer les droits civils, légaux de la femme lésée, c'est bien ; mais tenter de créer une femme-homme, c'est maladroit et inconséquent autant que de vouloir créer un homme-femme. Quoi de plus désolant que la femme sèche, guidée par la seule raison, et quel triste spectacle que celui de l'homme impressionnable et faible comme une femme ! Mais ils auront beau faire, ils n'y arriveront pas, car elle est indestructible, *la petite différence* !

Le couple humain peut être divin d'harmonie. La femme protégée par l'homme, aimant son protecteur, admirant sa force et son intelligence ; l'homme protégeant la femme, aimant sa protégée, touché par sa beauté, sa faiblesse et son cœur : balance immortelle. Ces rapports entre l'homme et la femme dureront tant que durera le monde, tout effort pour les transformer restera toujours absurde et inutile, brisé dans son principe comme tout acte contre le vrai et le juste. Ces rapports, l'âme de la femme et celle de l'homme les réclament, les exigent : n'importe quel raisonnement, si subtil et spécieux qu'il soit, ne peut tenir devant leur nécessité naturelle, et si on la comprend, sublime. — Approfondir ces rapports, c'est là ce qu'on peut tenter. Essayer de faire mieux comprendre l'homme à la femme, et la femme à l'homme, par là les faire mieux s'aimer, voilà le but que doivent poursuivre des associations féministes et des associations hoministes. Mais qu'elles se gardent bien de confondre les sexes et de vouloir former l'un sur le modèle de l'autre.

Marcel Prévost a écrit cinq cents pages contre ces vérités primordiales ; ses cinq cents pages sont lourdes, fatigantes et vaines. — Je n'ai lu que *Frédérique*, j'en avais assez, j'ai reculé devant *Léa*. Je présume que dans le second épisode des *Vierges Fortes*, l'auteur aura détruit la thèse qu'il avait péniblement échafaudée dans le premier. Mais alors je me demande si c'est pour le seul plaisir d'en écrire un second afin de le détruire ensuite, qu'il aura écrit le premier, et à quoi, finalement, auront servi l'un et l'autre puisqu'ils auront laissé la question au point où elle était. Je crois plutôt que le second ouvrage a pour but de continuer et de consolider les théories du premier. Ainsi on aura vu un homme de lettres écrire onze cents pages sur un sujet absurde, et pour exprimer des idées infirmes. Hélas ! que de travail perdu !

Un instant Léa se demande : *Est-ce que Pirnitz est une femme ? Est-ce que Frédérique, qui est si belle, est une femme ?*

Il faut lui répondre : Non Léa, ce ne sont pas des femmes. Et ce sont des êtres nuisibles. La Vierge forte, jamais ne vaudra la Femme.

Et puisque M. Prévost aime les Anglais, je conclurai par cette phrase du grand Ruskin :

« *Nous entendons parler de la « Mission » ou des « Droits » de la femme, comme si ceux-ci pouvaient, en aucun temps, être séparés de la Mission et des Droits de l'homme ; comme si elle et son Seigneur étaient des créatures d'espèces indépendantes et de prérogatives inconciliables. En aucun temps, on n'a prononcé des paroles plus folles, et l'on ne s'est permis plus d'écart d'imagination sur cette question du vrai et perpétuel devoir des femmes.* »

EUGÈNE MONTFORT.

9 juin.

ETUDES SUR LA PRESSE

LE JOURNAL LITTÉRAIRE

A M. José Maria de Hérédia.

Depuis quelques mois, mon cher Maître, vous voilà donc à la tête d'un grand journal. En prenant cette charge, vous avez obéi, j'en suis sûr, à d'admirables sentiments. Vous le Cellini de ce métal précieux et rare qu'est un vers français, vous le Parnassien hautain et contempteur, vous l'évocateur visionnaire des âges héroïques et des continents fabuleux, un noble et puissant mobile pouvait seul vous décider à quitter sur le tard votre chère Tour d'Ivoire, afin de vous consacrer à une tâche assez pénible et en somme sans agrément. La beauté était votre élément ; vous ne vouliez accomplir qu'une œuvre de beauté.

Vous saviez dans quelle fange immonde le journalisme actuel a plongé la nation française.

(1) Voir les Etudes sur la *Libre-Parole* (Janvier), *Le Soleil* (Février), *La Fronde* (Avril).

Vous saviez que le journal a tué le livre, qu'il a substitué son influence à celle du Théâtre, de la Chaire et de l'Ecole. Vous n'ignorez pas que par son action tyranique, incessante et quotidienne, il a empoisonné des milliers de cerveaux, qu'il est parvenu à entamer et à corrompre les cultures les plus solides, les fois confessionnelles les plus robustes. Vous distinguiez certainement le danger. Vous voyiez d'un côté les Magnaud, les Lavisse, les Duclaux, les Reclus, les Louis Ménard, les Bérenger vivant méconnus et sans prestige, tandis que, d'autre part, des virtuoses ignares comme Henri Rochefort, des agents d'obscurantisme comme Drumont, des valets à gage comme Judet, des sots sonores comme Cassagnac sont respectés, vénérés, suivis et crus comme des prophètes. Enfin, ce n'était pas non plus un mystère pour vous que le langage poétique de *la Grève des Forgerons* est préféré par la majorité à celui d'*Antoine et Cléopâtre*.

Un pareil état d'injustice devait surtout vous obséder Il fallait remédier à ce mal, lutter contre la Presse par la Presse même. Celle-ci était un agent d'affolement public, de nervosité sociale, de détraquage intellectuel, il fallait en faire une institution dans le but supérieur d'organiser les sensibilités, de solidifier les intelligences, de faire une âme aux citoyens. Elle ne créait que des énergumènes, des enragés, des fanatiques. Elle allait enfin façonner des hommes !

A tout prix il était nécessaire de sauver la France de cette crise nationale de *delirium tremens* qui la secoue et qui l'exténue. Et comment arriver à ce résultat sinon par la création du véritable journal démocratique et littéraire qui mettrait en contact le peuple avec l'élite de la nation ? Dans l'instant que le journaliste est tout pour le public, n'était-ce pas une nécessité de lui assurer des mérites et des vertus en rapport avec l'autorité qu'il a prise peu à peu ? Et, puisque le journaliste, aujourd'hui, a remplacé le philosophe, l'instituteur, le prêtre et le poète, n'était-il indispensable qu'il en possédât la dignité, le savoir, le style ou les talents, qu'il fût capable de les suppléer réellement ?

Oui, mon cher maître, ce que nous attendions de vous, c'était la Bible moderne, qu'on lit en famille, où le peuple peut trouver les règles de vie, les principes de beauté, les nourritures spirituelles qui font les races fortes, saines et bienheureuses. Hélas, cette Bible Moderne, cette sorte d'Evangile quotidien, nous l'attendons toujours, mais, vous nous avez donné le journal à six, huit, dix et même douze pages, le journal encombrant, compact, plus gros qu'un livre aussi épais que la *Revue des Deux Mondes* le journal qui déforme les poches et qu'il est impossible de porter sur soi. Vous nous avez donné tout cela pour un sou. Voilà le tour de force que vous avez accompli.

A la vérité, nous espérions du noble académicien que vous êtes, des innovations autrement sérieuses et profondes. Lorsque vous avez pris la Rédaction en chef du *Journal*, nous pensions que votre première pensée serait de choisir des collaborateurs, de rehausser le ton de ce quotidien, d'en modifier la tenue, l'esprit et le langage.

Or, non seulement vous n'avez pas découvert d'hommes nouveaux, mais vous ne vous êtes pas soucié de conserver les écrivains que vous possédiez déjà. Vous vous êtes laissé dire que la littérature avait pour but de séduire et de flatter, tandis qu'elle n'a point d'autre mission que de lutter et d'enseigner. Sous vos auspices, les Maizeroy ont redoublé de sottise, les Jean Lorrain ont persévéré dans leurs plagiats et leurs immondices qui relèvent plutôt de la police correctionnelle que de la critique littéraire. On pouvait penser que vous trouveriez des romanciers capables de tirer du discrédit où il était tombé le genre du roman feuilleton. Et vous avez laissé publier cette *Traite des Blanches* de M. Dubut de la Forest, la plus triste, la plus navrante, la plus insipide des pornographies.

Mais ici, mon cher maître, si j'avais l'honneur de vous connaître et si je vous disais ces choses de vive voix, vous ne manqueriez pas de m'arrêter :

« Jeune homme, diriez-vous, en souriant avec une sérénité vraiment parnassienne, vous me paraissez là être victime d'une naïveté des plus légères et des plus dangereuses.., Les opinions que vous émettez-là, nous les partageons tous.

Nous pensons tous de cette manière. Mais, voilà, nous n'osons pas le dire, et d'ailleurs à quoi bon ?

« J'ai eu aussi mes illusions et mes idées en entrant ici. M. Millerand en avait aussi lorsqu'il accepta un portefeuille. Mais une fois qu'on se trouve dans la place, lorsque l'on considère distinctement les difficultés colossales que doit surmonter un individu pour accomplir la plus petite réforme, on comprend qu'il vaut mieux rester tranquille que de se casser les reins. Voilà pourquoi on ne fera jamais rien. Et croyez-moi, mon cher monsieur, les plus belles théories, les plus beaux projets sont ceux qu'on ne réalise point.

« Et puis, de quoi vous plaignez-vous ? N'avons-nous pas des rédacteurs comme Octave Mirbeau, comme Paul Adam ? Ce sont des esprits indépendants, ceux-là, je suppose. Ils nous causent, d'ailleurs, assez de transes et de tracas. Nous devons constamment avoir l'œil sur eux. nos secrétaires doivent surveiller de près leurs épreuves. Ils ont de telles opinions ! S'ils glissaient par hasard, au cours de leur chronique une de ces allusions subversives, une de ces revendications généreuses, une de ces idées qui offenseraient les médiocres oreilles de nos abonnés, ce serait terrible, et que dirait M. Letellier. Avec Maizeroy, nous n'avons rien à craindre et nous ne redoutons guère qu'il émette une idée... Oui, Mirbeau, Adam, ne sont-ce pas des esprits indépendants ? De quoi vous plaignez-vous ? Il est vrai qu'ils ont le droit de ne rien dire...

« Et vous voudriez, peut-être, que nous prenions Descaves, les Rosny, Laurent Tailhade, quand nous n'avons pas même osé garder Baüer. C'est fou, c'est insensé ! Vous raisonnez, en vérité, comme le poète que je suis. Mais, vous ne savez donc pas, mon jeune ami, ce que c'est qu'un journal. Aujourd'hui, si on prend une rédaction c'est pour le décor. Ce luxe-là se paie cher. Le but d'un journal est de lancer et de faire des affaires. Un journal, sachez-le bien, n'existe pas pour être lu. Nous ne gagnons rien sur la vente. Sachez qu'un numéro vendu nous rapporte à peine deux centimes et demi, pas même le prix du papier, quand nous avons dix pages. Un journal ne peut pas vivre avec la vente, seulement quand montent la vente et le tirage, le tarif de nos annonces et de nos subventions augmente proportionnellement. Car un journal, Monsieur, un journal littéraire surtout, n'existe que pour la publicité, n'est fait que pour la réclame... Voilà ce que j'ignorais avant d'entrer ici, voilà ce que je sais désormais.

« Un journal littéraire ne devrait jamais parler littérature, c'est là une règle qu'il faut toujours s'efforcer d'observer. Faites donc de la littérature dans vos revues. Ecrivez des chefs-d'œuvre inconnus, ou publiez un de ces livres qui ne se vendent plus. Et puis imitez ma sagesse, ne lisez donc jamais un journal littéraire. »

Voilà ce que vous me diriez, mon cher maître,

si j'avais l'honneur de vous connaître. Et, en effet, je me passerais bien volontiers de lire le *Journal*. Ce qui me chiffonne, cependant, c'est qu'il existe cinq cent mille personnes qui le lisent et qui ne se gavent que de bavardages. Sans doute je sais que certaines feuilles politiques sont aussi nuisibles pour la moralité publique que le respectable quotidien dont vous avez la rédaction en chef. Mais quand les bonnes gens lisent les mensonges de M. Rochefort, ils s'imaginent que c'est la vérité, ils sont persuadés que M. Loubet est bel et bien vendu à l'Allemagne. Quand ils ajoutent foi aux déclamations de M. Drumont, ils sont convaincus que le salut de la France exige le massacre et la spoliation de tous les juifs. Ces gens-là ne sont coupables que de sottise. Si l'on spécule sur leurs sentiments, ces sentiments du moins sont honorables. Tandis que les petits bourgeois, les gens de maison, et les vagues rastaquouères qui composent la clientèle du *Journal* et qui achètent cette feuille, n'ont plus ni foi, ni croyance, ni sentiments, ils n'ont que de bas instincts à satisfaire, des curiosités maladives à contenter, ce sont des esprits oiseux à qui bientôt la moindre lecture sérieuse paraîtra insupportable et qui seront de plus en plus enclins à regarder comme tels les billevesées, les historiettes, les fanfreluches qu'on leur prodigue.

*
* *

Et je voudrais vous exposer, mon cher maître, au risque de paraître puéril ou de provoquer votre sourire, l'idée que je me forme d'un journal littéraire. Un journal littéraire ne doit pas être créé, selon moi, pour étendre et propager encore ce que M. Gabriel Mourey appelle le Culte de la Laideur, mais pour prêcher, enseigner, étendre la Religion de la Beauté. Il a pour fonction de rehausser le goût du peuple, d'affiner ses sensations, d'éduquer ses nerfs esthétiques. Il peut contribuer à démocratiser l'art, non à le déformer ni à le corrompre.

D'abord, tout devrait y être ordonnancé, harmonieux, C'est ainsi qu'il est pénible de trouver souvent en première colonne une chronique parfaitement écrite, savamment pensée, alors que les dernières pages du même papier sont rédigées dans le jargon le plus lâche et le plus détestable.

Or, le bon ton du langage et des idées devrait se trouver partout, le même et toujours soutenu. Ainsi, j'aimerais fort connaître un journal où tout serait réglé comme un orchestre. J'aimerais y distinguer, à chaque ligne, l'émanation de la beauté et de l'intelligence humaines Les rubriques les plus anonymes, les plus secondaires y seraient traitées par des auteurs de talent et de moralité supérieurs, par des spécialistes autorisés et compétents.

Voici par exemple les Faits Divers. Est-ce que les Faits Divers ne forment pas un ensemble de documents des plus curieux, une collection d'instantanés les plus précieux sur nos mœurs actuelles. Pourquoi donc ne pas charger de les rédiger certains virtuoses amoureux du détail et de la *tranche de vie*, comme M. Paul Alexis, par exemple. Du plus petit accident ou de la moindre rixe, cet écrivain minutieux et attendri ferait, je n'en doute pas, de véritables et menus bijoux d'art réaliste, de succulents croquis. Et M. Barrès, croyez-vous qu'il ne réussirait pas excellemment dans le reportage: Plusieurs récits que nous connaissons de lui, relatifs à des exécutions capitales ou à de grandes séances parlementaires, sont des chefs d'œuvre du genre et il y atteint presque la verve de M. Bonnamour. On pourrait très bien lui confier la chronique du Palais-Bourbon.

Enfin, il existe encore une rubrique qu'il serait bon de ne point sacrifier, je veux parler de la Critique des Tribunaux. Celle-ci surtout à son importance et on l'ignore trop volontiers. C'est dans la Chronique des Tribunaux que les braves bourgeois, qui seront jurés demain et peut-être appelés à nous juger, viennent puiser leurs notions de jurisprudence, d'économie morale et de science sociale. Les quelques idées de justice qu'ils ont, si modiques et rudimentaires, hélas, ils les ont apprises de Maître Huvelin ou de Maître Corbeau, bien plus que de Kant, de Montesquieu et de Rousseau. Les tenanciers d'une pareille chronique devraient donc être pénétrés de leur responsabilité, et même je souhaiterais qu'on cherchât parmi les plus brillants lauréats de nos Ecoles de Droit ou de Science Morale ces critiques érudits de nos mœurs et de nos lois.

Il en serait ainsi pour toutes les rubriques jusqu'au bulletin financier, jusqu'à la vie sportive, car toutes sont nécessaires et aucune ne mérite d'être sacrifiée. Mais, s'il est des rubriques dont on devrait rehausser la qualité et le prestige, il en est aussi d'autres, qu'on devrait inventer et entre toutes la Chronique des Livres (1).

Rétablissons donc la Chronique des Livres ! Ensuite, nous pourrons penser à ouvrir la porte aux poètes. A certaines dates solennelles et commémoratives, cela serait charmant d'entendre sonner leurs rythmes et de voir se dérouler leurs images ; il y a des jours de fête, des jours de deuil où il est juste et raisonnable de leur céder la place (2). Après quoi, il serait temps de

(1) La Chronique des Livres ! je vais faire bondir d'indignation les directeurs de nos journaux littéraires. Car selon eux, la critique des Livres est superflue, elle est même impossible. Dans leur esprit, la littérature n'est plus ou qu'un commerce ou qu'un sport agréable. Le monde des lettres est divisé en deux catégories distinctes : les professionnels et les amateurs. Or si ces amateurs ou si ces professionnels désirent qu'on parle de leurs livres, ils n'ont qu'à passer à la caisse. Un livre se lance aujourd'hui comme un quinquina, tel écrivain et Dubonnet ne sont que de bonnes marques. Aussi les directeurs de journaux considèrent-ils un livre comme une denrée commerciale. Cela regarde le service de la publicité et on traite directement avec l'administration. Donc, pour l'instant, plus de chroniques de Livres, et on ne s'arrêtera pas dans cette voie, demain on traitera directement avec les directeurs de théâtre comme on le fait déjà avec les éditeurs. On supprimera la Critique Dramatique, et M. Stoullig pourra se faire marchand de billets.

(2) Un journal socialiste vient de faire déjà une tentative dans ce sens. *La Petite République* a publié, à l'occasion du 26 mai et de l'inauguration de la Boulangerie coopérative, des poèmes de Magre et de Bouchor. Heureuse innovation dont on doit la féliciter.

modifier la forme et l'esprit du feuilleton. Mais des discussions sur ce sujet particulier nous mèneraient bien loin. Quant à la nouvelle, c'est un genre fini et qui n'est guère à sa place dans une gazette quotidienne. Il serait préférable même qu'elle disparût.

Voici, mon cher Maître, un stock imposant de réformes. Vous ne pouvez pas douter un instant qu'un journal ainsi conçu ne soit capable de lutter victorieusement contre la démoralisation présente. Il ne nous est guère possible de nier que les journaux littéraires, tels que nous les connaissons, ne sont à un pareil journal que ce que peuvent être les Folies Bergères auprès du Théâtre de Bayreuth. Cependant, les Louis II de Bavière sont nécessaires pour construire un Bayreuth. De nos jours dix millions ne sont pas superflus pour fonder avec sûreté un journal. Et si l'on trouve jamais un Mécène qui soit en humeur de fournir dans un but désintéressé cette jolie somme, depuis longtemps la Liberté de la Presse sera supprimée, et les rédacteurs de nos journaux exécutés et muselés.

MAURICE LE BLOND.

OBSERVATIONS SUR LA LITTÉRATURE

Si quelqu'un me loue et qu'il soit un sot, à peine ai-je pour lui plus de bienveillance ; si quelqu'un au contraire m'attaque et qu'il possède de l'esprit, je ne l'en estime pas moins. Des opinions d'autrui sur moi je ne fais dépendre ni mes blâmes, ni mes éloges. Je sais qu'il ne faut pas unir une critique à son auteur ; je ne fais pas à celui-ci un grief sérieux de celle-là ; et si je rends l'un responsable de l'autre ce n'est que par l'effet d'une humeur naturelle qui s'aigrit au moindre mot, mais que je réprime sans peine.

Ainsi mes détracteurs peuvent être assez tranquilles, je ne leur garde point rancune. Pourquoi leur voudrais-je du mal ? Lorsqu'ils possèdent du talent, ils en mettent dans leurs libelles, ce qui m'y fait prendre un plaisir quelconque. Quand par hasard ils en manquent, qui n'excuserait leur conduite ? qui ne plaindrait leur violence ? qui ne comprendrait leur haine ? qui ne trouverait cent raisons aux extravagances de leur jalousie ?

Je suis éreinté tous les jours par une multitude d'affreux écrivains, je les méprise et je passe. J'ai été naguère attaqué de la manière la plus forte à propos de la *Route Noire* par un auteur de mérite, je n'y ai pas fait la moindre attention.

M. André Gide a écrit sur moi toutes sortes de choses qui sur beaucoup de points sont fausses, qu'il a accrues à plaisir, qu'il a voulu exagérer, et qui en définitive, ne prouvent rien sinon la plus misérable hostilité, mais je n'y répondrai pas. M. André Gide, qui est fin, a fort bien compris la valeur de la *Route Noire*. Il l'a méconnue avec volonté. A quel mobile a-t-il cédé pour publier sur mon livre la plus perfide, la plus extrême, la plus pédantesque et la plus vulgaire de toutes les critiques que j'aie jamais lues ? Je ne le chercherai point. Je veux croire pour M. Gide qu'il a parlé sans franchise, parce que dans cette condition il a pu s'enrichir en lisant mon ouvrage, et que s'il était au contraire sincère il faudrait donc nier sa compréhension, son intelligence et son sentiment.

Quoi qu'il en soit, je n'insisterai plus aucunement sur cette critique. M. Gide est libre après tout d'aimer ou de mésestimer ce que j'écris. Et je n'en tirerai aucune conclusion favorable ou défavorable à son égard. D'autres que lui ont médit déjà d'hommes qui étaient plus grands que moi, sans aucun doute. Jamais le jugement d'autrui, si vif et si dur qu'il fût, n'a réduit la valeur intrinsèque d'un ouvrage. Tous les arguments possibles tirés de l'ethnographie, de la botanique et de la grammaire, ne feront jamais que Hugo, chez qui fourmillent tant d'erreurs, que Saint-Simon si hardi dans la construction expressive de toutes ses phrases, sans que toutes sortes d'autres hommes ne soient des poètes parfaits et des génies véritables. Alors à quoi servent nos mesquines querelles ?

*
* *

M. Gide vient de m'envoyer une petite brochure qui est excellente. Vais-je éreinter M. Gide ? Je me garderai bien d'agir avec lui comme lui-même avec moi-même. J'ai des avantages que je veux maintenir. Je n'ai pas commis d'injustice, je tiens à rester supérieur par là. Je laisse à M. André Gide, avec la honte de ses critiques, l'infériorité de les avoir faites. Pour moi, je m'efforcerai toujours d'être équitable, je le paraîtrai d'autant plus que je louerai davantage, j'épargnerai donc plutôt les blâmes que les éloges.

Pourquoi d'ailleurs, dissimuler le plaisir que j'ai pris à lire les vingt-cinq pages qui composent la brochure de M. André Gide ? Ce sont des feuillets sans surcharge, écrits d'une manière précise, empreints d'une constante raison. L'*Influence en Littérature* voilà le sujet qu'a traité l'auteur. Il n'en est pas qui me plaise et me tourmente davantage.

Sans être vraiment créateur M. André Gide est un auteur rare, d'une éducation singulière et d'un accent plein de charme. Il semble alambiqué parfois et l'est souvent. Il a de la grâce et la fait valoir. Il sollicite l'attention tant par sa manière de sentir que par sa façon d'écrire : il l'excite et la retient. Il froisse, je l'avoue, beaucoup de personnes auxquelles il donne l'impression d'être incapable de faire un livre, impuissant à se traduire, inhabile à coordonner ses impressions. Mais je ne partage pas une opinion si dure. M. Gide est, sans aucun doute, des écrivains de trente ans un des plus sûrs de leur technique et des plus savants au sens pur du mot.

La brochure qu'il vient d'écrire contient peut-être les meilleures pages de M. Gide. Il y a abandonné ce langage plein de réticences qui crispe et offense dans ses autres livres. Il s'y exprime d'un ton plus franc, avec moins de grâce précieuse et plus d'abandon constant. Il y est plus naturel.

« Nous avons pu, dit M. Gide, dans notre bienheureux « monde des lettres, connaître et rencontrer bien des peurs, « la peur du neuf, la peur du vieux, — ces derniers temps « la peur des langues étrangères, etc... Mais de toutes, la « plus vilaine, la plus sotte, la plus ridicule c'est bien la « peur de perdre sa personnalité. » Pourquoi redoutons-nous explique-t-il en substance, d'être impressionné par un livre ? Ne recherchons-nous pas sans cesse l'action bienfaisante de tel site, de tel climat ? Quelle différence niaise faisons-nous entre une influence céleste, régionale, atmosphérique et celle de la littérature ? Réhabiliter son acceptation, voilà la thèse de M. Gide, il la développe avec charme, il la soutient sans fléchir.

L'opposition à autrui est une maladie régnante qui produit sur nous de dangereux effets. Beaucoup de nos auteurs subissent sa contagion ; les uns refusent de lire les livres, de peur qu'entre eux et le monde ne s'interposent des métaphores déjà connues ; les autres repoussent toute pénétration spirituelle venue des lettres, beaucoup lorsqu'ils traitent d'un sujet ne veulent rien connaître des ouvrages anciens qui ont été fait sur la même matière. M. Gide cite d'autres cas qui sont tout à fait typiques.

« Ne redoutons pas qu'on nous change », répète-t-il un peu partout. Et en cela je l'approuve. Il n'y a rien de plus inepte que de ne pas lire un livre sous prétexte de se soustraire à l'effet de sa lecture, de ne pas fréquenter quelqu'un de peur de subir l'ascendant de son regard, et de faire ses efforts pour nuire à un auteur parce qu'on craint de voir augmenter son influence. C'est là pourtant ce que sans cesse font les littérateurs atteints du mal terrible de l'individualisme. » Eux et les autres mêmes, il me semble, feraient tout pour anéantir celui dont l'action dans les lettres leur paraît être trop puissante, trop continue et trop vive. Ils en sont là, réellement.

Ce que M. Gide n'a pas vu, parce qu'il n'a pas eu sans doute à le constater encore par lui-même c'est que la maladie de « l'*individualisme* » produit des effets plus affreux sans cesse. Quand des littérateurs repoussent tout du dehors, ils agissent seulement comme des imbéciles. Mais que dire de ceux qui, pillant une œuvre, traitent son auteur des pires noms, qui s'enrichissant des idées d'autrui leur nient ensuite tout mérite, qui lui étant redevables d'un grand nombre de connaissances, dissimulent leurs acquisitions en en outrageant l'ancien promoteur? Est-il possible d'imaginer des sentiments plus grossiers, des entreprises plus vulgaires et des ambitions plus basses? Ne sont-ils pas misérables ceux qui agissent de cette sorte? Et qu'y a-t-il d'aussi vil qu'une conduite trompeuse, hypocrite et fuyante? Rien n'est cependant plus commun que des faits imprégnés de cette ingratitude.

De la réhabilitation des « influences » M. Gide devait passer à l'éloge des hommes qui les créent et les exercent. Il y est venu tout naturellement. Il a donc loué les grands hommes. Il les a décrits en termes laconiques, mais néanmoins suffisants. Il leur a rendu leur place. Il a fort bien établi les passions secrètes et actives qui déterminent les héros à agir sur le plus grand nombre d'esprits possible.

« Le grand homme, dit M. Gide, ne se suffit pas à

lui-même. » Et rien n'est plus juste et plus absolu. Ce n'est pas toujours, en effet comme l'explique fort bien M. Gide, le désir présomptueux de la domination qui excite chez des hommes d'un génie supérieur, le goût de l'empire et du despotisme, c'est plutôt qu'ils sentent leur faiblesse en présence de la vérité dont ils sont dépositaires, et qu'ils ont à faire triompher dans l'univers. Comparant leur impuissance et leur responsabilité ils souffrent, d'une manière constante, parce qu'ils se rendent vraiment compte « qu'être, à chaque minute, avec promptitude, la mobile statue de son propre esprit » (1) c'est une impossibilité de la nature. Aussi font-ils tout leur possible pour exercer leur influence, sur le plus d'esprits prêts à la comprendre. Ils ont une œuvre à accomplir, et il lui sacrifient tout. Ils sentent constamment leur insuffisance. Ils ne se savent pas capables d'expérimenter d'une façon complète les idées qu'ils portent dans leur être et qui également les portent, qu'ils alimentent sans fléchir et qui les nourrissent de même, qui font leur souffrance sacrée et leur sainte béatitude, qui annihilent leur passion et qui en même temps leur en inspirent d'autres. Ils ont donc besoin *en réalité*, de se constituer des aides susceptibles d'agir à leur place et de leur être substitués, de multiplier leur puissance morale, d'affermir en l'augmentant de leur vitalité propre la *chose* mystérieuse qui les meut sans cesse, qui engendre leur volonté et qu'ils animent de la leur. Tels sont les moteurs secrets de l'ambition des grands hommes.

*
* *

M. Gide qui, dans sa brochure, a précisé avec netteté quelques uns de ces sentiments a écrit ainsi des pages d'un bon goût. Je ne trouve rien à redire à sa dissertation même. Je suis prêt à en louer la sagesse positive, le style négligé mais clair, l'argumentation délicate et rationnelle. C'est un grand progrès pour cet écrivain. M. Gide semble avoir acquis une sorte de foi. Il serait à souhaiter qu'il perdit l'habitude de sourire à tout propos, sans

---

(1) *L'Hiver en Méditation.*

excuse véritable et par légèreté. A gagner plus de sérieux il obtiendrait plus d'attrait, plus de séduction, plus de profondeur. Il a eu longtemps et encore naguère, un accent sans cesse fugitif, qui agaçait, il a l'air de vouloir le perdre, et je l'en félicite fort. Il nous faut aujourd'hui des hommes de foi. Dans un sens ou dans un autre, avec moi ou contre moi, hostiles à ce que je tente ou capables de me soutenir, nous voulons des auteurs sincères, ayant une direction sûre, agissant sous l'empire d'une *pensée religieuse*. Voilà ce que nous désirons de toutes nos forces. Si M. Gide m'attaque sous l'action de sa foi et non sous une autre influence, je ne pourrai que l'estimer d'une manière sans doute moins partielle que maintenant. Mais M. Gide est trop faible. Il manque d'ailleurs de sympathie pour l'univers. Il est impuissant à penser avec amour. Son caractère lui interdit d'agir d'une façon passionnée, tendre et fervente. Il y a déjà deux ans que j'observais la corruption de cet esprit : « Il ne peut guérir, » disais-je. Il s'y efforçait pourtant avec tous les soins possibles. A-t-il aujourd'hui trouvé le remède ? J'en doute, pour ma part, vraiment.

*
* *

Pour moi je continue mon œuvre avec patience, soucieux de ma perfection, je m'efforcerai toujours d'être juste, car il n'est pas beau de nier le mérite, et je ne me consolerais point si j'avais jamais attaqué *quelqu'un de grand*. Avant de parler d'un homme je procède d'abord à l'expulsion franche de tous les griefs que j'ai contre lui. Ce n'est pas sur les idées que l'on se forme de moi que je veux fonder mon jugement d'autrui. J'ai résolu d'être équitable et je le serai avec n'importe qui, fût-ce avec mon pire ennemi et mon plus vil détracteur.

Ce que j'ai à faire je l'exécuterai. Ce ne sont pas les lâches attaques qui m'empêcheront de travailler, et je n'y répondrai jamais que par des livres. Soutenu par l'estime de mes maîtres et par les suffrages de quelques amis, je construirai page par page, le monument que je rêve. Si les imbéciles m'attaquent, je penserai à tous les héros qui déjà ont eu à subir les mêmes excès. Si ce sont des hommes d'esprit je le déplorerai pour eux. Mais à vrai dire je n'attache aucune importance à toutes ces choses. Que j'achève les strophes du *Livre des Lois*, que je termine tout à fait les *Métamorphoses de la Terre et du Soleil*, que j'écrive les dernières pages de la *Tragédie de l'Exil*, j'aurai bientôt accru mon œuvre de parties nouvelles, fortes et importantes. Mais ce ne sera pas tout. Et après ces livres, qui sont presque prêts, je pourrai en écrire d'autres pour la joie des hommes qui m'aiment et pour la plus grande douleur de ceux qui sont les *ennemis nés* de toute beauté.

SAINT GEORGES DE BOUHÉLIER.

CRITIQUE DES REVUES

En prenant à la *Revue Naturiste* la *Critique des Revues*, je ne veux pas imposer aux lecteurs, ni m'imposer, une revue complète des publications du mois. Un pareil catalogue serait aussi ennuyeux à lire qu'à dresser. Une revue des revues ne peut être intéressante que si l'on choisit, dans le mois, les quelques poèmes, articles ou manifestations quelconques, qui fixent l'attention et méritent le souvenir.

Ainsi ferai-je, sans autre préambule.

***

La Plume (1er juin). — Avec ce numéro se poursuit la louange d'Auguste Rodin par différents littérateurs. Tout en m'associant au juste hommage rendu au talent d'un homme qui représente à l'heure actuelle la sculpture française, je ne puis m'empêcher de trouver dans les analyses souvent opposées qu'on fait de son œuvre, dans les dissertations de toute nature auxquelles donnent lieu « son génie, sa philosophie, sa technique, ses mains » etc., les raisons mères de ses défauts. C'est pour avoir écouté trop de phrases bien faites, abstraites et philosophiques sur son art, pour en avoir trop lu, pour en avoir formé lui-même que M. Rodin a parfois abandonné ses instinctives, souples et voluptueuses lignes des *Baisers* et des *Bustes* pour les lignes volontaires et, par conséquent, hésitantes et sans harmonie du fantomatique *Balzac*.

M. Hugues Rebell consacre un juste et vibrant article à la mémoire et au génie de Lamartine. Il est temps vraiment de nous employer à la réhabilitation de ce grand homme, le plus pur poète de notre siècle, de celui qui « aussi peu homme de lettres qu'Homère » chanta, vécut et mourut, simplement et sublimement, pareil à un dieu.

*
* *

Iris (juin). — Le second numéro d'*Iris* s'embellit d'un poème d'Emmanuel Signoret. Une citation, même courte, défie les louanges que je pourrais en faire :

Aux Gorges du Cians

Entre, ô mon cœur ! franchis les portes de rocher :
Mais des torrents glacés pourras-tu t'approcher,
Cœur qu'une triple foudre alimente et soulève,
Toi qui perças de traits, comme un brouillard, tout rêve,
Cœur affamé d'amour, ô soleil douloureux,
Astre de l'inconnu ! Tes implacables feux
Vont-ils s'éteindre ici sur la neige des cimes ?

. . . .

Ajoutons, puisqu'il me faut mêler ici les choses immortelles aux choses éphémères, que le dernier livre de M. Lucien Mulhfeld : *la Carrière d'André Tourette* a enfin rencontré dans M. Louis Vauxcelles un critique désintéressé, et que cette pseudo-littérature reçoit dans *Iris* les admonitions qu'elle mérite.

*
* *

Le Mercure de France (juin). — Comme les beaux vers sont rares dans les vagissements que, sous prétexte de poésie, pousse M. Francis Jammes, citons celui-ci :

Je me laisse aller simplement
Comme dans le courant une tige de menthe.

L'impression en est fraîche, autant que la chose dite. Mais, lisez le reste. Je m'en voudrais d'insister et d'étaler longuement ma répulsion pour cette poésie enfantine et vieillotte à la fois. J'aurais peur de prolonger peut-être une plaisanterie déjà trop ancienne.

M. Jacques Mesnil publie dans ce même *Mercure* un très intéressant et très réconfortant article sur le « fameux criminaliste » Lombroso, et réduit en poussière la fausse science de ce bourgeois exaspéré.

Un Russe conte les exploits inouïs de la Censure en Russie. C'est là-bas le règne des auto-dafés et la lutte à outrance contre la science et l'esprit nouveau. Hœckel, Buchner, Lassalle, Spencer, Diderot, Hugo, Stuart Mill, Moleschott, etc., voient leurs œuvres brûlées ou interdites. Ne nous plaignons donc pas quand, par hasard, la censure française atteint tel Dubut de la Forest ou tel Francis de Croisset et déclarons même que, de ce côté, son rôle devrait être beaucoup plus intransigeant.

*
* *

L'Union pour l'Action morale (1er juin). — Une très curieuse et très actuelle lettre de M. Adolphe Guéroult à Ernest Renan sur la Poésie de l'Exposition de 1855. Renan, dans le *journal des Débats*, avait fait la critique de cette Exposition et nié le rôle et les prétentions sociales de l'industrie qui n'arrivait pas et n'arriverait jamais à émouvoir la poésie. M. Guéroult lui répondit, et je détache de sa réponse les lignes suivantes : « Pourquoi l'Exposition n'a-t-elle suscité aucune poésie qui soit devenue populaire ? Le fait est avéré pour moi comme pour vous ; il me reste seulement à rechercher si c'est, comme vous le croyez, parce que l'industrie ne contient réellement aucun germe, ne recèle aucune fécondité poétique. ou, comme je le crois, si ce mutisme des poètes en renom ne tiendrait pas à ce que, fourvoyés dans de stériles regrets ou dans d'aristocratiques dédains, ils ont perdu et le sens des évènements contemporains, et la trace de l'avenir... » Toute la lettre, fort longue, est à méditer et la plupart de ses considérations, vraies en 1855, le sont encore en 1900.

*
* *

La Terre Nouvelle (Juin). — A lire un vivant et admirable commentaire de Louis Bertrand à une inscription latine de Moktar : le *Moissonneur*.

C'est l'histoire d'un Gaulois des derniers temps de l'Empire qui parcourt l'Afrique comme valet d'armée, puis comme valet de ferme et chef de moissonneurs et qui consacre son humble vie et sa vigueur à la plus grande gloire de Rome.

*
* *

Le Beffroi (mai). — M. Achille Segard y publie des vers d'un excellent sentiment et d'une forme harmonieuse.

*
* *

Le Pays de France (mai-juin). — Nous voici obligé, avec le *Pays de France*, de parler politique.

L'article de M. Louis Bertrand, sur le *Nationalisme*, est d'un cœur honnête. C'est l'indignation vertueuse d'un homme que les criailleries de la rue sont venues troubler dans son travail et qui puise dans la conscience de ce travail une force et une clarté vraiment belles. Il y a dans cet article une éloquence sœur de celle qui secoua un jour Emile Zola, de celle qui donna un tel frémissement aux paroles d'un Duclaux, ou de celle qui soutient encore certains discours, moins ingénieux et plus énergiques qu'on ne croit, de ce bon M. Bergeret. M. Louis Bertrand, comme cela arrive toujours, a vu plus clair et plus loin que les politiciens de profession et son premier coup d'œil lui a révélé le mal tout entier, sa profondeur, ses aspects et ses causes.

Explique qui pourra, maintenant, qu'un tel article suive, dans la même revue, certaine chronique où M. Déroulède était exalté dans des proportions démesurées même pour son outrecuidance, et précède une autre chronique où M. Maurice Barrès est loué pour son plus mauvais livre qui est aussi sa plus mauvaise action. Explique qui pourra, également, que cette apothéose de Paul Déroulède et de Maurice Barrès vienne presque immédiatement après de hautes louanges de Stéphane Mallarmé et un article émouvant sur Emile Zola.

M. Joachim Gasquet s'est évidemment fourni à lui-même ces explications. De telles contradictions ne peuvent être levées que par une raison intéressée. Pour moi, qui verrais cependant à ces regrettables confusions des excuses légitimes dans le tempérament, l'éloignement provincial et le goût immodéré des lectures de leur auteur, j'aime mieux laisser là la politique avec ses erreurs, ses tâtonnements, ses vices et ses fâcheuses influences et passer tout de suite aux vers que M. Joachim Gasquet publie dans ce même numéro.

Ces vers, qui forment un seul poème et qui occupent une vingtaine de pages de la revue sont, à mon avis, les meilleurs vers que M. Joachim Gasquet ait publiés jusqu'à présent. Ils marquent un pas décisif vers la simplicité d'images et les émotions réelles. Mais ils manquent encore trop de mesure et de sobriété. Alors que de purs Provençaux comme Mistral et Signoret mettent tout leur génie à n'exprimer qu'une fois, et dans une phrase essentielle, les sentiments les plus universels, M. Joachim Gasquet a tout juste assez de vingt pages pour exalter la noble et profonde émotion de l'homme devant la grossesse de la femme. Un pareil sujet, trop longuement développé, prend je ne sais quel air impudique. Quelques vers discrets, émus et voilés retentiraient bien mieux au cœur des autres hommes. Malgré cette disproportion, vraiment énorme et qui étonne chez quelqu'un qui se réclame d'une race harmonieuse et exacte, entre le mot et l'objet, ce poème de l'*Enfant* est à lire, pour plus d'un beau passage.

*
* *

L'Œuvre Sociale (mai). — M. Henri Dagan, en sociologue compétent, y fait l'analyse critique du Césarisme. Les esprits sérieux trouveront leur pâture dans cet article et les autres y apprendront à préciser leurs idées et à vérifier leurs notions.

Paul SOUCHON.

Le Gérant : Emile PIVOTEAU, Imprimeur, à Saint-Amand (Cher)

A PROPOS D'UNE ENQUÊTE LITTÉRAIRE

Un de nos confrères de la Presse quotidienne, *le Radical*, vient de consulter une quarantaine d'écrivains sur l'évolution actuelle de nos Lettres françaises. Cette enquête dont M. Amédée Boyer est le promoteur fait honneur au journal qui l'a publiée. Dans un moment où les gazettes littéraires se montrent si peu soucieuses de renseigner le public sur notre orientation intellectuelle et sacrifient tout ce qui ressemble à de la pensée, pour accueillir tous les potins, les badinages et les ragots, la tentative était intéressante de consacrer plusieurs colonnes d'un grand journal politique, pendant plus de vingt numéros, à des questions purement esthétiques, à des discussions d'art, à des jugements sur les œuvres et les hommes.

Malgré qu'on nous annonce la publication prochaine en librairie de ce travail qui rappelle l'Enquête célèbre de M. Jules Huret, il serait temps, dès aujourd'hui, d'en rassembler les feuillets épars et de tirer d'un pareil bloc de documents idéologiques un épilogue nécessaire et des enseignements sérieux.

Les questions posées étaient triples, bien qu'elles fussent au fond de même nature et que, en vérité, elles se confondissent : Pensez-vous que les évènements politiques récents aient eu sur le mouvement littéraire une influence quelconque et durable ? La littérature de demain sera-t-elle l'expression de la vie sociale et aidera-t-elle à la solution de maints problèmes qui nous passionnent ? Quelle est enfin votre opinion sur les écoles et les personnes qui ont vu le jour depuis la chute et la faillite des écrivains dits symbolistes ? C'est sur ce thème suffisamment riche que des romanciers, des poètes, des critiques et des dramaturges, de qui l'opinion est la plus représentative, se sont plu à broder de séduisantes variations, des arabesques ingénieuses et à émettre, en plusieurs occasions, des propos de belle allure, des professions de foi profonde.

Ce qui étonne dans les réponses que nous avons sous les yeux, c'est le ton grave et sincère sur lequel elles furent émises, c'est le désir de gravité et de franchise qui s'y révèle à tout propos. Ici, plus de ces ardeurs de polémique, de ces velléités batailleuses, de ces déclarations extravagantes, de ces sottises et de ces sornettes, qui conférèrent à l'Enquête Huret une valeur documentaire si précieuse sur les mœurs littéraires d'il y a dix ans. A cette époque, on se trouvait en effet dans une période de véritable anarchie intellectuelle. La génération d'alors, entièrement composée de techniciens et de linguistes, était en pleine réaction contre l'art puissant et riche d'Emile Zola dont l'œuvre énorme l'humiliait. Des jeunes gens qui n'avaient guére écrit que quelques sonnets se mettaient volontiers en parallèle avec le maître, et comme leur prestige ne s'était pas étendu encore au delà des limites du Quartier Latin, leur tactique était de briller le plus possible en publiant des manifestes excentriques, en émettant, au risque de paraître ridicule, les opinions les plus déconcertantes. De nombreux cénacles, occultement soutenus par M. Brunetière et les néo-idéalistes, se partageaient l'héritage du naturalisme qui n'était cependant pas près de leur échoir. Et tandis que M. Gustave Kahn « inventait » le Vers Libre, M. René Ghil édictait les règles draconiennes de l'instrumentisme et M. Saint-Pol Roux ne voyait plus aucun salut en dehors de l'Idée Magnifique. Une certaine animosité existait d'ailleurs entre ces groupes. De là des querelles de sectes, des questions de personnes, tout un jeu d'attaques et de ripostes, qui donnait à cette bataille littéraire une apparence quelque peu frondeuse, mais assurément séduisante.

Or, aujourd'hui, nous n'assistons à rien de tel. On s'efforce moins de se composer une attitude, d'expérimenter les beaux gestes et les savantes postures, que de s'assurer une foi et de consolider des principes. L'époque actuelle a peur du doute. Il n'est point de septicisme assez séduisant pour tenir captives les plus jolies cervelles de nos contemporains. Les dilettantes comme Barrès, les pince-sans-rire comme M. Lemaitre ont senti, eux aussi, la poignante nécessité de croire à quelque chose, et l'on vit naguère ces délicats qui faisaient surtout profession d'irrévérence, s'encanailler dans la politique militante et soutenir de toutes les croyances la plus barbare et la moins scientifique qui est le nationalisme.

De pareils faits sont significatifs. Pour l'aristocratie intellectuelle de France, et même pour l'Elite Européenne, la passion a cessé d'être inélégante, et il n'est pas jusqu'au prosélytisme qui ne soit devenu d'excellent ton. La littérature n'est plus un jeu, mais une manière d'apostolat. Parallèlement à sa mission absolue qui est de créer de la beauté, elle a une mission immédiate qui est d'aider à l'édification d'une société meilleure. Elle n'est point qu'un art d'agrément, elle poursuit un but utilitaire. Voilà pourquoi nos écrivains ont abandonné les misérables querelles secondaires, n'essayent plus de se diviser sur des questions de technique et de sensibilité, ne gaspillent plus leur temps dans des diatribes personnelles, mais au contraire cherchent entre eux des points de contact, tentent de s'unir par de solides liens moraux. Ces sentiments nouveaux expliquent le caractère général de cette enquête, son sérieux et sa valeur. Ce qu'elle a perdu en verve sonore et en grâce amusante, elle l'a gagné en intérêt, en pondération, en profondeur. De là son importance.

*
* *

Et, en effet, rien de plus futile que les discussions scolastiques, que ces guerrillas auxquels se livrent entre eux les cénacles d'artistes et de lettrés. Anatole France à qui M. Boyer demandait son opinion sur les Ecoles, a répondu sur ce sujet des choses excellentes. Pour M. Anatole France, les écoles n'ont plus aujourd'hui de de raison d'exister. Dans l'antiquité, leur utilité était plausible parce que l'art consistait exclusivement dans l'*imitation*. On s'efforçait moins alors de se créer une originalité propre que d'attraper, pour employer l'argot des arts, la manière du maître. On suivait davantage les principes d'une tradition que les impulsions naturelles de son génie. Mais, aujourd'hui, avec nos conceptions contemporaines, il n'en est plus de même. La règle primordiale pour un individu consiste à se réaliser pleinement, à mettre en harmonie ses facultés particulières avec son milieu et son époque. S'enfermer dans une école, (au sens étroit du mot) serait mettre une entrave à son tempérament, renoncer à soi-même et châtrer sa sensibilité.

Je trouve, quant à moi, cette opinion parfaitement juste. Une « école » n'est nécessaire, son existence n'est justifiable que lorsqu'elle s'est constituée dans un but négatif : ce qui fut le cas de Romantisme. Mais je ne veux point dire par là qu'il faille renoncer à subir des influences, qu'il soit utile de pousser l'indépendance jusqu'à sacrifier ses sympathies, jusqu'à refréner son admiration. Pourtant, ne pouvons nous pas aimer Gustave Flaubert ou admirer Emile Zola sans être obligé d'écrire des romans d'après leur formule, de travailler selon leurs méthodes et d'user de leurs procédés ? Que m'importe que M. Verhaeren versifie librement ou que M. Emmanuel Signoret observe la césure! L'important est qu'ils m'émeuvent, qu'ils m'empoignent, qu'ils m'élèvent. Et bien fou sera celui qui écrirait un in-quarto pour prouver qui a tort ou raison.

La férule d'un chef d'école et la discipline d'un cénacle peuvent être d'un excellent effet sur un apprenti écrivain, mais lorsque celui-ci voudra produire selon son âme, écrire selon son sang, c'est dans les entrailles de son être et point ailleurs, qu'il devra rechercher ses formules et ses principes. Considérez par exemple le cas de M. de Régnier. Il fut une des cariatides du symbolisme et bien que dans sa réponse à l'Enquête il en ait montré quelque honte, nul ne peut nier qu'il doit à cette étiquette sa réputation première. Il a travaillé longtemps dans les allégories et les chimères, il aimait à divaguer, à s'éperdre dans les sites anciens et romanesques, il s'exerçait à manier pour se faire les muscles l'opaque phrase mallarméenne. Le symbolisme était à la mode, il ne pouvait s'en affranchir malgré que son tempérament le poussât au contraire vers un art plus précis, je dirai presque plus réaliste. Il est certain qu'en poésie, il se rapprochait de M. de Hérédia, et que, comme prosateur, le genre d'écriture ouvragée et artiste cher à M. de Goncourt lui convenait surtout. Il a donc rompu sur le tard avec ses anciennes attaches, abandonné ses manières d'antan, ce qui lui a permis de nous donner enfin une œuvre. *La Double-Maîtresse* est un livre exquis, et comme cet ouvage a eu du succès, il n'en fallait pas davantage pour remplir d'aigreur M. André Gide.

Or, ce n'est pas là un cas unique. La même aventure est arrivée à Moréas. Dès qu'il s'est préoccupé de faire une œuvre humaine au lieu d'écrire des fantaisies de littérateur, il atteignit au sublime et à la perfection. Débarrassé des entraves que lui-même voulait imposer à d'autres esprits, il vient de nous donner ces *Stances* admirables d'une beauté condensée et classique, d'une grâce ardente et vivace.

Car, c'est un fait digne d'être signalé. Depuis que le symbolisme n'existe plus, ou plutôt depuis que M. Saint-Georges de Bouhélier et moi-même l'avons enterré avec quelque pompe et un certain éclat, jamais les écrivains symbolistes n'ont eu plus de talent. C'est que le néant de leurs théories, ayant été définitivement mis à nu par nous, ils n'avaient plus aucun motif pour s'en embarrasser. Désormais, donc, ils pouvaient s'exprimer authentiquement ; aussi je ne comprends guère pourquoi certains d'entre eux persévèrent à nous garder rancune, et s'amusent à exciter contre nous la jalousie de leurs cadets. S'ils étaient justes, ils nous témoigneraient surtout de la reconnaissance. Ne les avons-nous pas affranchis ? Ne sommes-nous point leurs libérateurs ?

*
* *

Dans cette enquête on a beaucoup parlé du Naturisme. De Camille Lemonnier à Paul Alexis, de Maurice Donnay à M. Barrès, on s'en est fort préoccupé. Et presque tous ont reconnu son importance. Quelques autres aussi, et c'était leur droit, n'ont pas caché que ce qu'ils préféraient dans le Naturisme, c'était encore les Naturistes. « Ces jeunes gens, a dit M. de Régnier, ont un grand talent ; je suis persuadé qu'ils écriront des chefs-d'œuvre. Mais le Naturisme n'y sera pour rien. » La grosse erreur de M. de Régnier, que partage d'ailleurs Madame Rachilde, c'est de s'imaginer que le Naturisme est une école. Rien n'est moins exact que cette opinion. Le Naturisme est peut-être un grand mouvement d'idées, une explosion puissante de sensibilité sociale. Ce n'est pas une école. « C'est, a dit M. Albert Fleury dans sa réponse à l'Enquête Boyer, une véritable religion, la religion qui succédera demain à celle du Christ. » Albert Fleury n'a point tort sans doute. Mais pour définir le Naturisme dans son état actuel, je serais presque tenté de formuler qu'il est un état d'âme, si ce terme n'était devenu si vulgaire depuis qu'il fait partie du vocabulaire employé par les fabricants de romans-feuilletons. Plus justement le Naturisme est une même atmosphère morale que nous respirons en commun, dont toute une génération d'hommes est imprégnée, qu'elle boit à pleins poumons.

Quant on nous a accusé de vouloir régenter les Lettres, c'était une calomnie. On s'en est aperçu depuis, et ce malentendu s'est dissipé. Avons-nous jamais pensé à imposer un type d'œuvres? Quoi de plus différent en apparence que la *Route Noire*, ce roman exquis de passion de grâce et d'écriture qu'Emile Zola mettait en parallèle avec *Manon Lescaut*, *Paul et Virginie*, *La princesse de Clèves*, quoi de plus différent que *la Route Noire* et que l'*Essai sur l'Amour* d'Eugène Montfort, ce recueil d'hymnes ferventes et de méditations lyriques. Et pourtant on y perçoit des aspirations analogues. Ce ne sont pas les œuvres qui sont parentes, ce sont les hommes qui sont de la même famille.

Et cette parenté d'esprit, cet air de famille n'est pas seulement visible chez les écrivains qui se disent nos amis, on les retrouverait partout chez toutes les âmes qui composent cette génération.

Dans l'*Effort*, dans le *Pays de France*, dans tous ces recueils littéraires dont dispose la jeunesse littéraire, le Naturisme existe, on peut en retrouver les traces. Et qu'on les compare ces revues, aux revues qui paraissaient en 1895, qu'on rapproche les hymnes panthéïstes, les larges églogues dont elles sont pleines, aux cantilènes frivoles, maladives, gâtées par le virus beaudelairien, dont s'épaississaient les publications de cette époque. Et l'on comprendra alors la forte impulsion que nous avons donnée à l'esprit français, l'effort extraordinaire réalisé déjà par des jeunes hommes de vingt ans.

Nous avons le droit d'en éprouver de la joie, et les accents de M. Saint-Georges de Bouhélier sont justes quand il s'écrie, au cours de son interwiew :

« Toute la jeunesse travaille. Nous ne rêvons pas seulement, nous agissons sans cesse. De tous côtés des universités se fondent, des théâtres se créent, des revues paraissent. Je pourrais citer vingt noms de poètes qui ont écrit des volumes, fondé des sociétés d'art, institué des théâtres pour enseigner le peuple, multiplié de tous côtés les témoignages de leur prodigieuse énergie. »

« Ce qu'on appelle le Naturisme, c'est l'expression des aspirations de l'époque, c'est l'aboutissant des désirs du siècle, c'est le résultat de l'évolution. Toutes nos doctrines, les tendances de la société les nécessitent : *Notre art n'est que l'expression esthétique du socialisme c'est-à-dire de l'Etat organisé sur des fondements naturels*. Nos œuvres ne font rien qu'accomplir, en anticipant sur les évènements, les intentions les plus secrètes, les plus fermes, les plus fortes, les plus nettes de la race. »

J'aime ces belles déclarations de celui que M. Camille Lemonnier a appelé « le plus riche génie imaginatif de ce temps. » Notre art n'est que l'expression esthétique du socialisme ! Il suffit pour s'en convaincre de se souvenir de nos travaux. Ne fûmes nous pas les premiers, à préconiser la glorification des artisans, à vénérer l'héroïsme épique du travail, à décréter le culte de la gloire. Qu'on relise la *Révolution ou Marche* ou les *Eléments d'une Renaissance Française* de *Saint-Georges de Bouhélier*.

Qu'on feuillette le Numéro spécial de la *Plume* consacré au Naturisme ou la collection de notre revue. On y retrouvera exposé les principes des cérémonies civiques, de ces fêtes des grands hommes que la jeunesse actuelle s'efforce de multiplier sur tout le territoire de la république.

En vérité nous avons jeté les bases de véritables rites sociaux et humains. Et quand nous écrivons des poèmes, c'est dans l'espoir qu'ils seront balbutiés comme des prières par les hommes forts des races d'or. Nous voulons que tous les hommes viennent s'asseoir autour du pain intellectuel et boire au vin de la beauté. Ce que nous tentons n'est pas autre chose, et c'est une œuvre d'apostolat.

Atteindrons-nous à la victoire ? Chaque jour, je l'espère davantage. Car il faut bien le dire, le socialisme devra être naturiste, et avoir son expression esthétique et religieuse, sinon ce ne serait qu'un parti sans grandeur, dépourvu de vie, incapable de réussite, destiné à disparaître sans rien organiser de splendide ni de durable.

MAURICE LE BLOND.

L'ABIME EN SOI-MÊME

A Louis ROUART

En sortant de chez sa maîtresse, Dousdal avait l'âme pénétrée. Il avait passé avec elle des heures divines. — C'est un précieux trésor pour un homme qui comprend la vie, que de posséder une retraite où il dévêt tout à fait son cœur, où il redevient lui, où il se retrouve dans la vérité profonde de sa nature. — Pour Dousdal, les instants qu'il vivait auprès de sa maîtresse étaient d'un prix inestimable. Pendant qu'il la tenait dans ses bras nus, il abandonnait toute contrainte, pendant qu'il regardait ses yeux qui ne lui cachaient rien des sentiments ardents par lesquels elle passait, il se sentait vivre avec intensité, dans une sincérité de lui-même qui était comme un bain pour son âme. Les mots inappréciables qui sont de l'or moral, les simples mots qui jaillissant du fond de l'être en donnent justement la résonnance, elle les disait sans y mêler aucun alliage, et lui, ravi, savait les entendre pleinement dans toute la beauté de leur exhalaison.

De ces rencontres adorables, il sortait ivre, épanoui dans sa vie, rendu à lui-même, plein de forces.

*
* *

Quand il arrivait chez elle, l'émotion lui serrait les entrailles, il se sentait faible, il était mourant. C'est le secret qui donnait un goût si fort à son amour, secret jeté dans le cœur qui le gardait comme un puits garde une pierre. En se rendant chez elle, il tremblait, il avait peur d'être suivi, d'être rencontré, d'être vu. Tout le frappait. Un regard qui insiste, un bruit de pas derrière lui, et il se contractait ; une toute petite chose qui s'interpose peut détruire un si grand bonheur. Enfin il approchait... Il entrait... Il la voyait : elle était étendue silencieuse dans un fauteuil, elle l'attendait, elle levait doucement les yeux sur lui. Alors il s'agenouillait devant cette âme parlante.

(Ce qui entoure celle qu'on aime est béni. Les tapisseries, les corbeilles de fleurs, le miroir, les tables légères et les satins froissés qui traînent un peu partout font s'évanouir. Toutes ces immobilités ont vu, ont entendu de la beauté, l'élévation humaine, elles l'ont absorbée, elles la gardent en silence.

Deux amants sont auprès l'un de l'autre, et se parlent : alors tout se tait, le bruit devient timide, quel son oserait croire à lui-même maintenant qu'ils parlent comme des dieux. Ils se regardent, ils se touchent : ce qui les entoure les contemple ; les choses ont compris la présence de l'âme. Un reflet reste sur elles de cette présence éprouvée tant de fois : C'est ce reflet qui fait merveilleusement pleurer Dousdal, quand par hasard étant ailleurs, l'image traverse son esprit de n'importe quel objet qui meuble sa retraite.

Il s'y est parfois trouvé seul. Alors il baissait le store, il fermait les yeux, il ne bougeait plus. Il n'osait pas déplacer un vase qu'elle avait posé là, défaire un pli d'étoffe, ramasser une rose tombée. Il lui semblait que tout devait demeurer ainsi immobile, crainte de troubler ce qui, beau, grave et profond, résidait là, muet comme des yeux fermés. Il était étourdi. Il était en dehors du monde, il était dans la maison de son âme. Il serait resté là pendant l'éternité.)

*
* *

En sortant de chez sa maîtresse, Dousdal avait l'âme pénétrée. Sa vie était dans son cœur, et il sentait le goût de son cœur sur ses lèvres. Il marchait en se balançant. Sa tête était vibrante.

Il lui arrivait d'aller tout droit devant lui, sans savoir où il allait. Il passait dans des rues, dans des jardins, sur des places, avec indifférence, dans un état moral suprême. Il était comme en rêve, inattentif aux choses, aux formes, à ce qui est extérieur, mais tout rempli d'âme. Il regardait alors d'un singulier regard attendri et profond qui devait bien surprendre ceux sur lesquels il se posait. Il ne voyait que de l'âme. Tout ce qui l'environnait lui semblait n'être que l'aboutissement tangible de quelque chose de divin, d'immense ; ses sens mystérieusement déliés, partant d'une source miraculeuse, lui donnaient plus que des sensations ; tout avait en lui des correspondances infinies comme de la musique. En cet état il regardait une maison comme on regarde un visage, une fleur comme on regarde un œil. Il se sentait vivre, vivre ! Il avait le cœur si gros qu'il lui montait à chaque instant des larmes On aurait dit qu'il revenait d'un long voyage, où il aurait découvert le fond de la vie, — ou d'un séjour dans quelque solitude méditative pendant lequel il serait descendu en lui-même ainsi qu'un ange. Car il était triste, car il était grave ; il était comme un lac qui tout le jour a reflété l'azur du ciel, et sur lequel la nuit tombe. Il était monté très haut et il gardait dans son être l'atmosphère et le son des hauteurs. Il jetait alors sur les hommes des regards qui venaient de si profondément en lui qu'ils se précipitaient en eux jusque dans leurs abîmes. Il vous regardait comme s'il savait tout sur vous, comme si son cœur était pris d'une pitié infinie, comme s'il avait voulu vous enlacer, épouser votre âme, s'offrir pour que vous vous réfugiiez en lui. L'amour, en l'ayant mis tout près d'un être, avait développé dans son cœur quelque chose qui le mettait plus près de tous les êtres. Il lui semblait qu'il échangerait avec n'importe qui des mots touchants à en pleurer. La nuit qui enveloppe l'humanité s'était dissipée, il voyait partout briller des diamants. Quand ses yeux rencontraient des yeux, il frémissait, il avait envie d'ouvrir ses bras et de crier : « Viens, viens ! dis-moi tout, mon âme attend que tu lui parles, je te dirai des choses que ton meilleur ami ne saurait pas te dire ; tu as besoin d'être consolé, je te consolerai ; tu es seul, tu as besoin d'un frère à ton côté, je serai ton frère. Viens ! nous allons échanger avec un bonheur désespéré tous nos trésors cachés. »

Il était au-dessus de lui-même. Son amour embrassait toutes les âmes. Il était prêt à se donner, à se dévouer, à prier ou à gémir avec le premier homme qui lui parlerait.

*
* *

Quand Dousdal était ainsi et qu'il rentrait chez lui, il se mettait à sa fenêtre, et il regardait dans la rue jusqu'à ce que la nuit fût tout à fait noire. Alors il ne regardait plus dans la rue, mais il regardait dans la nuit, ou plutôt non, il fermait les yeux et il regardait dans son âme, il suivait l'agitation du monde d'amour qui vivait en lui. Ou encore, il s'asseyait à son piano et il jouait comme un fou jusqu'au jour.

Mais généralement il ne rentrait pas. Il ne pouvait pas se résoudre à enfermer ainsi l'exaltation de son âme. Il marchait dans la nuit sur les avenues, sur les boulevards, suivant de l'œil les formes noires devenues plus mystérieuses et plus misérables encore. La vie douloureuse d'un visage, brusquement entrevu à la lueur d'un réverbère et qui retombe aussitôt dans l'ombre, le bouleversait : « Quelle est ta douleur, pauvre âme, quelle rencontre désastreuse t'a brisée ?

Peut-être que le destin l'a fait se heurter à un être qui la dévore. »

Il allait toujours, regardant autour de lui : « Que je vous aime, ah ! pauvres âmes battues ! » Plus d'une fois, il avait emmené un malheureux manger, et pendant que le pauvre, à table, mal à l'aise, s'effaçait et tremblait, il regardait sa face ravagée, et il pleurait. Plus d'une fois, il eut une telle émotion en rencontrant une femme qu'il lui sembla qu'il aurait pu avoir pour elle un amour aussi grand que pour sa maîtresse. Un cœur débordant contre le sien, une bouche penchée sur son oreille lui disant des secrets miraculeux ! Il avait un grand trouble à la pensée que toutes les âmes peuvent être recueillies, et qu'il serait possible peut-être de s'approcher tellement de toutes, que ce serait divinement douloureux et qu'on ne pourrait plus jamais se consoler.

* * *

Une nuit que Dousdal, pendant toute la soirée, avait erré au milieu des passants dans cette disposition résonnante de l'âme, il entra au Café Américain. Il savait que, quelque soit le lieu où il irait, il trouverait des émotions immenses. La vue sous la lumière éblouissante, de femmes bien parées, étincelantes, qui, rangées sur des banquettes, semblaient de belles esclaves attendant qu'un maître fasse un signe, le remplit d'une tristesse violente. Les glaces et la blancheur des tables se renvoyaient la lumière, des voix joyeuses parlaient insouciamment, on entendait les verres se choquer. Une fille pâle, et dont le visage était très doux, fixa plus spécialement la pensée de Dousdal. Elle portait une robe toute blanche et à la taille une grosse rose rouge. Elle paraissait attendre avec une patience infatigable. Elle s'aperçut que Dousdal faisait attention à elle, elle se tourna vers lui, et son pauvre joli visage se crispa dans un sourire forcé. Il en fut encore plus désolé ; il s'approcha d'elle et lui parla. Elle lui dit qu'elle s'appelait Hortensia. Il vit de près ces yeux que la joie avait dû si rarement éclairer. « Hortensia, Hortensia ! » s'écria-t-il ; il était pris d'une pitié infinie, il aurait voulu l'embrasser, lui faire sentir combien elle l'émouvait Il la pria de sortir avec lui, ils allèrent dans une petite taverne solitaire mal éclairée où ils furent mieux pour se parler et pour s'aimer. Elle lui raconta toute sa vie qui était navrante. Il lui caressait doucement les mains. Quand on ferma la taverne, ils se levèrent, Dousdal donna à Hortensia tout l'argent qu'il portait sur lui, puis il l'embrassa sur le front de tout son cœur. Elle le quitta, surprise et triste de le quitter. Dousdal rentra chez lui, il se mit au lit, et il sanglota longtemps.

EUGÈNE MONTFORT

Hôpital de V..., 25-30 avril.
Paris, 20-22 juin 1899.

POÊME

Rocs des abîmes bleus de buis ! et toi, lumière
Entre les bras de qui tressaillent les chaumières
Qu'habitent sur les monts d'éblouissants bergers ;
Eglises de verdure et de roses, vergers
Gonflés de fraises d'or, de menthes et de pommes
Qui mûrissez la force et la douceur des hommes
Et baignez d'azur frais leur mortelle beauté ;
Vignes fières des fruits que vos bras ont portés,
Par le soleil, ainsi que des mères ravies,
Plaines qui me chantez le poême de vie ;
Coteaux d'où coule un flot de candides souleurs
Qui nourrissez la brise avec le pain des fleurs
Et qui, voulant votre âme à quelque éden pareille,
La parfumez pour moi de pampres et d'abeilles
Et bercez un printemps de nids à vos rameaux,
Mystérieux torrents qui connaissez les maux
Dont sur vos bords d'exil palpite l'âme humaine
Sources ensoleillées qu'au pied des fleurs promène
L'auguste main d'un dieu caché dans les roseaux ;
Forêts qui répandez les hymnes des oiseaux
Afin d'illuminer les âmes et les lyres ;
Lys dont la pureté monte en tremblants sourires
Et guirlande d'éclairs le torse des rochers ;
Brins d'herbe tressaillant comme des seins cachés,
Vallons pamprés d'azur comme ceux d'Ionie ;
Jardins où vit, au sein des roses, l'harmonie ;
Saules dont l'aube blanche a baisé les cheveux
Qui sanglotez, le long des rives, des aveux
Plus attendris que ceux que les vierges soupirent ;
Lac où flotte et triomphe un lumineux empire

D'ondines dont les yeux sont les yeux d'or des soirs ;
Rivages parfumés d'enfants blonds ; reposoirs
De myrtes où s'assied la nuit souffrante et grave
Pins qui baignez vos clartés sombres dans les gaves
A l'heure où la montagne accueillante s'endort ;
Sommets où les couchants luisent en gouttes d'or
Comme teints du sang pur de quelque cœur sublime ;
Cabanes qui penchez vos fronts vers les abîmes ;
Pâturages et vous, troupeaux qui les paissez,
Mer mouvante d'épis, champs radieux — laissez,
Doux compagnons en qui l'éternité flamboie !
Mon âme vous vêtir de sa naissante joie.
J'apporte l'ode heureuse où l'amour resplendit
Car, un matin d'idylle bleue, vous m'aviez dit,
Vous tous qui me parlez avec des voix berçantes :
« Abaisse, comme un ciel, ta lyre bénissante
Sur notre force aveugle et sur notre beauté ;
Ombrage notre nuit de vivantes clartés,
Et brûle-nous du feu de ta grâce féconde,
Pour que chante à toujours en nous l'âme du monde.
Et qu'au temple éternel où grondent nos courroux
Un peu de la souffrance humaine batte en nous ! »

MICHEL ABADIE.

VERS

Pour YVES BERTHOU.

C'est l'heure où le couchant embrase
les collines de l'horizon,
l'heure de silence et d'extase
où s'évanouit la raison.

C'est l'heure indécise et mouvante,
où dans l'adieu rose du jour
la nature semble vivante
comme sous un baiser d'amour.

Un grand trouble envahit les choses,
un frisson passe dans les cœurs ;
le parfum plus subtil des roses
emplit les âmes de langueurs.

Au loin un angelus qui tinte,
son grêle on ne sait d'où venu,
voix en rêve, voix presque éteinte,
semble jaillir de l'inconnu.

Et les troupeaux dans les vallées,
tournés vers le soleil qui meurt,
ont de sourdes voix désolées,
une âme pleure en leur rumeur.

. . . .

— Dans les limbes du crépuscule,
tout s'unit, c'est l'éternité,
le jour amoureux qui recule
se fiance à l'obscurité.

O contemplation sublime !
en cet immense clair-obscur
tous les éléments de l'abîme
n'en font qu'un dont s'emplit l'azur.

Cet être unique en qui moi-même
je me confonds, c'est Dieu, c'est Pan ;
ma lèvre chante son poème,
sa pensée en moi se répand.

Je comprends la vie et les choses,
je sais comment depuis toujours
le monde a ses métamorphoses
dans le déroulement des jours.

— Et pendant que ce rêve immense,
habite mon âme et ma chair,
en lui je revis en silence
chaque souvenir qui m'est cher.

O le calme de cette église
où j'allais prier autrefois !
O la fraîcheur de cette brise
qui soufflait un soir dans les bois !

O les collines, les ravines
où la nature me parlait,
où dans des extases divines
mon âme aux choses se mêlait.

O paysages, voix mystiques !
Apaisements ! Rêves défunts !
O sons de toutes les musiques,
effluves de tous les parfums !

... Et toutes ces roses pâlies
qui m'ont fait triste pour toujours !
Douces figures abolies,
je vous revois, ô mes amours.

Que j'aime à retrouver dans l'heure
où tout objet semble incertain,
votre beauté qui fut un leurre,
votre charme qui s'est éteint,

et ces secrètes sympathies,
amours qui restèrent un vœu,
odeurs que mon âme a senties
sans jamais en livrer l'aveu.

— Mais le soir tombe, la nuit gagne ;
une dernière flamme d'or
meurt à l'horizon ; la campagne
s'apaise, le monde s'endort.

Tout s'endort dans un grand silence,
le rêve du soir s'est enfui.
Tout meurt, moi je vis et je pense...
O solitude dans la nuit !

CAMILLE SCHILTZ.

A LA GLOIRE DES ANCÊTRES

I

Comme un fleuve échappé des montagnes natales,
des hommes, las de vivre au désert des aïeux,
vinrent, avec leurs fils, leurs troupeaux et leurs dieux,
peupler le monde aux régions occidentales.

Après avoir conquis le fabuleux pays
qui s'étend de l'Euphrate aux côtes syriennes,
ils dressaient la blancheur des tentes aryennes
en Barbarie et dans les vertes oasis.

Et puis c'était l'Espagne à leurs yeux apparue,
la sierra neigeuse et les bois d'orangers,
et les ports inconnus aux marchands étrangers ;

O montagnes de Roussillon, vous l'avez vue
la race heureuse des ancêtres sarrasins
piller vos ruches et le sang de vos raisins !

II

Dans l'azur parfumé des belles matinées,
ils menèrent les bœufs captifs aux socs d'airain
parmi le genêt d'or et le clair romarin,
et devant eux chantaient les Méditerranées,

Avec les terres renaissantes au printemps,
l'étonnante beauté des jeunes Sarrasines
offrait à leur amour des voluptés divines,
et fondait une race illustre pour longtemps.

Ils dorment maintenant sous les vieux sycomores
les grands Aïeux, et la beauté des vierges maures
ne troublera jamais nos cœurs, ni nos esprits.

Et, seuls, les arbres, qui survivent à la race,
dans leur sève puissante ont conservé la trace
du sang miraculeux dont ils furent nourris.

III

J'ai bâti dans mon rêve une calme maison,
sur la route qui mène aux Alpes d'Italie,
un coin de solitude où l'âme se replie
pour ne vouloir que pain et que sage raison.

Un tilleul est en fleurs auprès d'une fontaine,
et du seuil, ombragé de pampres merveilleux,
l'œil embrasse d'un coup la chaîne des monts bleus
avec les sombres pins et la neige lointaine.

Quand pourrai-je, discret et tendre voyageur,
apercevoir de loin, la maison de mon cœur,
offrant à mon repos sa retraite charmante,

et voir revivre, loin de tout humain souci,
le langage divin de Béatrice à Dante,
et le sourire aimé des femmes du Vinci ?

PIERRE CAMO.

PRINTEMPS

Mon amante, déjà s'éveille le printemps.
Viens. Tes yeux vont s'ouvrir sur la fête des roses.
Nous allons voir les dieux, dans une apothéose,
blanche reine d'avril, t'accueillir de leurs chants.

La terre en fleurs sourit à l'aube de la vie ;
et ces corolles d'or qui brillent dans les prés...
ne seraient-elles pas l'âme de Danaé,
n'ont-elles pas germé de la divine pluie ?

Les monts bleus où chantaient les poètes païens
s'auréolent d'un jour sublime, — et quel mystère
a fait naître en ton cœur cette pure lumière ?
Tes yeux rêvent déjà de paradis lointains.

Quelles mains ont tissé le manteau des prairies ?
Regarde, le soleil rayonne comme un cœur !
et du fond du passé s'éveille la langueur
des roses qu'effeuillait la triste Iphigénie.

Vers l'adorable ciel élève tes bras blancs ;
un printemps ignoré fait frissonner ton âme.
Quel miracle a brillé dans tes yeux pleins de flammes !
C'est un astre nouveau qui brûlera ton sang !

*
* *

Voici les soirs de paix, de rêve et de tendresse
où nous pourrons aimer les fleurs pâles du ciel.
Les hommes ont chanté le triomphe éternel
de la Nature rayonnante de jeunesse !

C'est la bonne Déesse aux écharpes d'azur
flottant sur la douceur sereine de la vie.
Allons voir se lever les étoiles amies
qui font l'âme meilleure et le regard plus pur.

Mais pourquoi trembles-tu ? — Ces clartés triomphales,
flammes d'amour, reines des vastes horizons,
te couvrent de splendeur, de gloire et de rayons...
Oh, cette nuit, je veux te couronner d'étoiles !

PAUL ALAVAILL

LA PIEUSE IVRESSE

Le soc des heures fait dans la nuit des sillons,
le vent s'agite et pleure ainsi qu'une âme en peine,
les arbres ont de longs frémissements parmi la plaine
et les fleurs effeuillées ont des soupirs profonds.

Qu'importent à nos yeux qui voient mourir des roses
les herbes dont le cœur a froid sur les talus,
donne ta lèvre, amie, et dégraffe ta robe,
l'amour comme les fleurs bientôt ne sera plus.

Donne ta lèvre où bruit ainsi qu'une clochette
l'angelus des baisers apaisants ou cruels ;
les nuages ouvrent leurs ailes dans le ciel,
la tristesse et la nuit environnent nos têtes.

Les vitres où le vent met des baisers farouches
tressaillent dans leur robe et gémissent de peur ;
fermons les yeux et doucement sur notre couche
écoutons la chanson d'amour de notre cœur.

La chambre est bonne ;... au loin pent-être par les routes
où se battent les vents avec les carrefours
des hommes passent, sur leurs reins des fardeaux lourds,
et des femmes qu'ils ont aimées et qu'ils repoussent

Des hommes passent en silence dans la nuit
comme ces revenants, âmes de cimetières,
qui par les trous qu'ont faits les vers au flanc des bières
glissent, et sur le vent éternellement fuient.

Mets tes bras nus amie sur mon front où le rêve
ainsi qu'une charrue trace de noirs sillons,
un laboureur cruel plonge son aiguillon
dans mon sang dont le flot va briser mes artères.

Je suis las de souffrir et j'ai besoin de vivre !
Parle-moi car je pense à trop de malheureux,
dis-moi des choses que je hais, car je suis ivre,
ivre d'avoir aimé les pauvres gens des cieux.

Dis-moi des choses gaies comme les yeux des vierges
où passent doucement des désirs mystérieux.
Ton corps a dans la nuit de pâles reflets bleus
et je veux boire en lui ainsi qu'en les rivières.

Je veux boire pour oublier les tristes songes
qui sonnent dans mon cœur le glas des lendemains ;
j'aime les malheureux, mes frères des chemins,
et leur ombre près de mon lit passe et s'allonge.

Je veux boire pour enfanter de nouveaux rêves
où je verrai marcher au milieu du soleil
la horde des bannis, les mendiants et les mères
du bonheur dans leurs yeux et du pain dans leurs mains.

Je veux boire pour me griser et pour chanter !
boire à ta coupe d'or l'amour et l'harmonie,
et créer dans mon corps une nouvelle vie,
ainsi que des hivers renaissent les étés...

TOUNY-LÉRYS

I
NOTRE TOIT

Le soleil a chauffé notre toit tout le jour,
faisant luire comme une rose chaque tuile,
tandis que pour bercer leur rêve et leur amour
dans les frênes chantaient les cigales divines.

Autour de lui ont bourdonné toutes les guêpes
cherchant à prendre quelque chose de sa vie ;
mais maintenant, comme une pluie, tombe sur terre
du silence, de la fraîcheur et de la nuit.

Rentrons : nous serons mieux sur le lit séculaire,
l'un près de l'autre, dans la chambre aux rideaux clairs ;
l'abri est sûr, reposons-nous en confiance.

Demain, quand sourira l'aurore, notre toit
élèvera dans l'air, comme une fumée blanche,
sa petite prière et sa petite joie.

II

LA MAISON DE L'AMIE

De la route familière aux charretiers
nous avions aperçu déjà votre demeure,
au sommet du coteau, près du pauvre olivier,
parmi les vignes et les terres argileuses.

Et d'avance nous espérions la nappe gaie,
le miel sur du pain noir coupé en tranches larges,
les figues au col mince, et la cruche de grès,
et les raisins dans les assiettes catalanes.

Je pensais à vos mains qui verseraient bientôt
pour ma bouche altérée, dans la tasse grossière,
l'anisette d'Espagne en filet de lumière,

et me réjouissais de ce qu'il fît si chaud,
puisqu'ainsi j'allais obtenir de mon hôtesse
l'aumône d'un sourire avec un peu d'eau fraîche.

JEAN AMADE.

CE QUI NE REVIENDRA PLUS...

Les couples que je trouve à chaque angle des rues
Me chantent sans pitié mes heures disparues ;
Celles où par hasard tous seuls on nous laissait,
Dans la chambre tranquille où le rideau baïssé
Ne filtrait qu'un jour pâle où voltigeaient nos rêves,
Sur l'aile de nos paroles rares et brèves.
Dans mes bras, doux berceau, ton être reposait ;
L'indolence penchait ton front vers mon baiser ;
Surpris d'un tel bonheur, pour calmer toute crainte
Je regardais la glace encadrant notre étreinte,
Et j'entendais mon cœur chanter pour t'endormir.
Lorsque tu t'éveillais, par quelque souvenir,
Et que tes yeux cherchaient les miens pour y relire,
Nous nous contemplions dans un même sourire,
Dans la glace complice où vont tant de secrets.
Emus tous deux de voir nos visages si près...

PIERRE SAÏCLON.

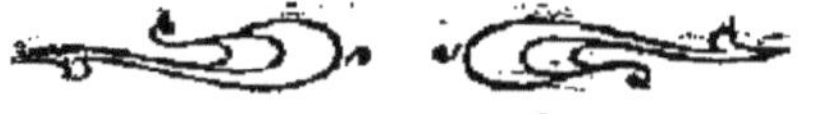

CRITIQUE DES REVUES

L'Effort (du 15 mai au 15 juin), nous offre, avec différentes proses, à tendances nettement sociales quelques poèmes : la ***Rencontre d'un Soir de Fête***, de Maurice Magre ; la ***Visitation***, de Léo Larguier ; une ***Dédicace***, de Marc Lafargue.

Dans les vers de Maurice Magre on voit s'épanouir tout à leur aise, avec d'excellents sentiments et une belle jeunesse de cœur, les influences néfastes qu'on pouvait excuser dans la ***Chanson des Hommes*** :

> Je l'ai trouvée au fond d'un square de banlieue... .
> Elle était pâle et blonde, et sous une mantille.....

Ces rappels violents de Coppée et de Musset parviennent presque à détruire le charme de certains autres vers que je me plais à citer :

> J'ai dédaigné la chambre où d'étude on s'enivre,
> Où le soir parle un Dieu, lorsque gémit la porte,
> Où l'esprit de beauté brille et monte des livres,
> Où la lune aux carreaux semble une vierge morte,
> Pour m'en aller crier là-bas avec orgueil,
> Rêvant de commander aux plaisirs de ce monde,
> Ainsi qu'un insensé qui, debout sur son seuil,
> Fait des gestes de roi, devant un peuple d'ombres.

Les vers de Léo Larguier sont remarquables par leur souffle bucolique. Ils sont simples, larges et harmonieux comme les campagnes qu'ils célèbrent. La grandeur ne leur est pas inconnue.

Sur ma lyre taillée au cœur d'un vieux laurier.
Pères! je vous dirai la force des étoiles
Qui guidaient vos vingt ans et vos jours oubliés,
Et les vents de ces soirs qui soulevaient les voiles
Des belles aux grands yeux éteints que vous aimiez.
Je vous dirai les lois et les raisons des choses,
Je chanterai la mort des êtres et des roses,
Les travaux et les jours, l'azur sacré du mont,
L'éternité qui dort aux flancs profonds des femmes,
La nuit élyséenne où s'exalte les âmes,
Et les images devant vous se déploieront
Comme de blancs voiliers aux légères carènes,
Qui sur le bassin clair des mers circuléennes
Viennent dans le soleil du fond de l'horizon

Quand ce poète aura appris à remplacer la rhétorique des mots par le mouvement des choses elles-mêmes, quand la réalité se substituera chez lui à la fiction, la vérité à la convention, je suis bien sûr que nous aurons à nous réjouir de posséder un excellent poète rustique.

La *Dédicace* de Marc Lafargue est d'un si profond caractère intime qu'il messierait peut-être d'en parler, sinon pour la louer et la recommander. Quand un poète traite d'un sujet aussi auguste que sa tendresse filiale, il se montre tout entier et on doit considérer ses vers comme un témoignage humain plutôt que comme un poème.

* * *

L'*Arc-en-ciel* (juin et juillet). — Voici une nouvelle petite revue d'art qui nous arrive de Meaux et que dirige M. Henry Erasme. En dehors de vers intéressants (Henry Erasme, Ernest Raynaud, René Bruneau, Gabriel de Lautrec), l'*Arc-en-ciel* nous apporte une *Etude sur Arthur Rimbaud*, par Ernest Delahaye, le compagnon du poète, l'ami de Verlaine, étude pleine d'anecdotes curieuses et de précieux renseignements, et une *traduction* des *Poésies de Hafiz*, de M. Gustave Jeannot.

* * *

Le Beffroi (juin) publie un sonnet de M. Charles Morice. Débarrassé des brumes symbolistes qui, le voilant, attiraient sur lui la curiosité, cet écrivain apparaît aujourd'hui ce qu'il est réellement : un médiocre poète.

*
* *

La Revue Blanche (1er juillet) contient une *Elégie* d'Emmanuel Signoret. De qualité classique, purs et arrêtés comme du marbre, ces vers n'en sonnent pas moins étrangement douloureux. Sous l'invocation à Apollon c'est un homme qui saigne, un poète qui se lamente sur son art.

*
* *

Dans *Iris* (juillet) de beaux vers de M. Léonce Depont. Graves, fiers, impeccables, ces alexandrins s'avancent deux à deux d'une marche sûre et solennelle. Et cependant je ne sais quelle noble mélancolie les traverse qui nous touche et les amollit assez pour en chasser la monotonie.

*
* *

L'Œuvre Sociale (15 juillet. — M. Henry Dagan y poursuit la série de ses *Superstitions politiques*. Cette fois, c'est à la *justice* et aux fausses notions que nous avons d'elle qu'il s'attaque. Esprit logique et véhément, M. Dagan a su donner une vie étonnante à ces débats plutôt abstraits. Aux déductions philosophiques, aux aperçus historiques, il met une telle passion de la vérité que son style prend tour à tour tous les tons et passe par tous les degrés. Interrogations, apostrophes, dialogues, se mêlent aux aphorismes, aux raisonnements, aux constatations positives. Ses articles sont remarquables à la fois comme traités didactiques ou philosophiques et comme pamphlets.

Dans ce même numéro M. Paul Louis commence une étude sur le *Socialisme au XIXe siècle* qui, venant d'un esprit si informé, ne peut manquer d'être lue avec profit.

*
* *

Mercure de France (juillet). — M. Charles Guérin y publie un long poème : la *Mauvaise Douleur* qui ne nous révèle rien de nouveau sur cet abondant et mélancolique poète.

M. Emile Verhaeren y signe une *Chronique de l'Exposition* où sont émises de fort sages considérations sur les musées provinciaux.

*
* *

La Plume (1er juillet) renferme un des plus beaux poèmes d'Emmanuel Signoret, qui a fait si peu de choses imparfaites. Sa *Mélancolie Sacrée* est un long cri d'amour modulé avec une précision absolue. De pareils vers construits d'airain incorruptible, sauront sauvegarder pour longtemps encore notre langue et notre poésie françaises de toute décadence. Pour caractériser leur beauté, il est impossible de citer d'autres noms de poètes, même parmi les plus grands.

M. Edmond Pilon commence dans ce numéro une étude sur les *Groupements poétiques au XIXe siècle* qui promet d'être fort intéressante. Savant d'une bonne science, M. Edmond Pilon a l'amour des choses dont il parle. C'est pourquoi nous verrons défiler dans toute leur beauté les principaux personnages du siècle et c'est aussi pourquoi nous tirerons de ces études d'excellentes vues sur le moment présent.

*
* *

Revue des Deux Mondes (15 juillet). — M. René Doumic consacre un copieux article au livre : *les Poètes d'Aujourd'hui*, que vient de publier le *Mercure* et qui est comme l'Anthologie symboliste de ces vingt dernières années. Chose curieuse, M. Doumic est, au fond, bienveillant. Il accepte volontiers tentatives et essais, constate que la *Revue des Deux-Mondes* n'est pas restée en dehors du mouvement en accueillant MM. de Régnier, Samain, Guérin et de Montesquiou, et souhaite, en finissant, la venue du grand génie qui doit profiter de tous les efforts symbolistes. Ainsi, M. Doumic, désarme presque. Si j'étais symboliste je me désolerais de cette indulgente attitude qui prouve évidemment un beau dédain pour ceux qui en sont l'objet.

PAUL SOUCHON.

BIBLIOGRAPHIE

Auguste Rodin statuaire, par André Veidaux (Giard et Brière).

Parmi les nombreuses monographies que l'on vient de consacrer à la gloire d'Auguste Rodin, celle-ci, par l'abondance de ses aperçus, mérite d'être lue. Imprégnée de philosophie libertaire, elle vaut beaucoup par la véhémence des jugements qu'elle contient. C'est en somme un acte de foi, cette socio-philosophie d'art, petit livre de critique quelque peu apocalyptique, dans lequel les termes scientifiques et le vocabulaire mystique s'entremêlent étrangement.

L'étude de M. Veidaux débute par une curieuse théorie du génie. « Le génie, y dit-il en substance, est un être anormal, c'est l'exceptionnel qui détermine la règle de demain, c'est le singulier qui étendra sa norme jusqu'à l'esprit de la pluralité. »

Voilà une conception un peu trop individualiste que M. Veidaux me permettra de ne pas partager. L'esprit humain et la nature sont soumises à des lois continues et non aux caprices successifs de quelques êtres exceptionnels. Le génie, au contraire, est l'individu normal qui restitue à l'humanité défigurée ses traits authentiques et divins. Ce sont les médiocres qui sont des malades et des anormaux. Le génie est l'être sain, par excellence. Cette définition a le mérite de s'appliquer en même temps aux génies scientifiques aussi bien qu'aux génies littéraires, à Pasteur, à Emile Zola aussi bien qu'à Rodin. M. L.

*
* *

La Puissance du Théâtre, par Edouard Quet (Vanier).

Consacrer une étude de trente pages à l'histoire du Théâtre en France, et dans un espace aussi resteint se proposer de montrer ses évolutions successives, c'est entreprendre un tour de force. Mais il faudrait, pour le réussir, avoir une puissance de condensation, une netteté de vision, une précision de style si mathématique que ce serait presque du génie. Or, M. Edouard Quet ne semble guère posséder ces qualités. Ses considérations manquent toujours d'imprévu, et le peu de choses qu'il nous dit n'est ni très neuf, ni très intéressant. Pourquoi donc M. Quet s'est-il ainsi limité ? S'il avait compilé davantage et tout en ne disant rien, il aurait pu nous donner sur le même sujet quelqu'un de ces gros tomes rébarbatifs et inutiles qui font toujours l'admiration des bonnes gens et auxquels l'Académie française ne manque jamais de décerner un prix.

M. L.

*
* *

Claudine à l'Ecole, par Willy (Ollendorf).

Il est bien regrettable que M. Willy soit obligé, pour vivre sans doute, de faire des calembours dans les journaux. Cela nuit à sa réputation d'écrivain. Il y a beaucoup de gaieté dans *Claudine à l'Ecole*, mais il y a aussi beaucoup de vie et beaucoup de vérité. M. Pierre Louys qui s'est fait une spécialité des idylles lesbiennes, n'a pas dû être très content de rencontrer par çi, par là, dans *Claudine*, quelques grains de saphisme. Et puis, outre les légèretés, nous avons remarqué dans ce livre une très juste critique de l'Enseignement primaire actuel, traitée dans la manière badine. Les chapitres relatifs à l'Examen du Brevet sont extrêmement heureux. Très amusante et très réussie aussi la Réception du Ministre.

En somme *Claudine à l'Ecole*, avec ses scènes hardies et piquantes, nous a parfois fait songer, par la vivacité du récit, à certaines œuvres graveleuses de Denis Diderot. Et, si ce livre est un roman « cochon » ce qui devient de plus en plus fréquent, c'est aussi un roman bien écrit, ce qui devient de plus en plus rare.

M. L.

*
* *

La Carrière d'André Tourette, par Lucien Muhlfeld (Ollendorf, éditeur).

Les explosions d'enthousiasme exagéré qui ont accueilli ce roman lui ont fait plus de tort que de bien. On en a été surpris et mis de mauvais humeur. Pour moi j'aime peu les conceptions sèches, la façon restreinte de sentir, ni les personnages de Lucien Muhlfeld. Sa langue non plus, ne m'est pas agréable. Mais comme je cherche à être juste, je reconnais que la *Carrière d'André Tourette* est un ouvrage travaillé et bien fait. C'est une consciencieuse étude de caractère, et je pense que ce roman restera, en somme, un des meilleurs de l'année. E. M.

*
* *

Les quatre saisons, poèmes par Stuart Merrill (Société du Mercure de France).

Des poètes qui nous précèdent immédiatement nous ne pouvons savoir quels sont ceux dont la postérité gardera les noms. Il est évident que M. Henri de Régnier possède de fort belles qualités de distinction et de mesure, que M. Francis Viélé-Griffin a une âme très délicate et très suave, que M. Francis Jammes jouit de dons de pureté vraiment intime et que bien d'autres ont écrit maints poèmes de beauté et de sentiment. Mais M. Stuart Merrill est, peut-être, un de ceux qui ont été le plus véritablement émus, et le plus sincèrement épris. Ses vers ne sont point de la littérature. Certains sans doute l'en blâmeront, mais il n'importe. D'ailleurs on n'écrit pas en vers pour le souci de quelque formule, mais pour s'exprimer le plus harmonieusement possible. Combien d'âmes communient *réellement* avec un poète ? On aime les poètes comme on aime les fleurs, pour leurs parfums, pour leurs couleurs ;

chacun de nous prend d'un vers un reflet particulier. Et l'émotion que nous ressentons, en nous murmurant tel poème, est sans doute bien différente de celle dont tremblait l'homme qui l'a écrit. Faut-il s'en plaindre ? Pas plus que ne se plaint le soleil de ses reflets sur un diamant. Quelle que soit l'interprétation d'un vers, elle est toujours juste et magnifique, car un vers est un miroir où chacun se reflète exactement, et qui est toujours prêt à pleurer ou à sourire selon notre âme du moment. — M. Stuart Merrill est un des poètes les plus personnels de ce temps. Nous ne retrouvons pas en lui de souvenirs d'autres chanteurs. Il a, de la vie, une vision particulière, et ses rythmes sont toujours authentiques. Il n'a point de filiation. Il n'a point de ligne de conduite. Il s'exprime au gré de ses émotions, toujours mélodieusement. Il est plus général qu'intime, et c'est une qualité pour plus d'immortalité.

Qu'il écrive :

> Ose espérer que demain sera un jour de repos.

ou *le Refrain*, d'une si poignante intensité : ***On se bat au bout du monde ;*** ou ***les Poings à la Porte,*** qui peut compter comme une des plus belles poésies contemporaines, M. Stuart Merrill exprime toujours des sentiments largement humains, et n'est presque jamais un chuchoteur silencieux. Son rythme est le plus souvent fluide et insaisissable, très imprécis, mais toujours adéquat à l'idée, à l'impression ou à la volonté du poème. M. Stuart Merrill est surtout un poète de la Pitié. Ses accents, lorsqu'il exalte ce sentiment, sont profonds et sincères ; sa jouissance de la vie n'est complète qu'autant que de la joie rayonne sur tous les hommes. Il songe aux ***pauvres qui meurent de faim aux portes ouvertes hier***, il rêve ***au fond des cités noires dont le ciel est banni***, il parle à la triste prostituée avec des accents fraternels. Et son âme est pleine de bonté. En ce sens, M. Stuart Merrill a vraiment droit à une place à part au milieu de ceux qui furent symbolistes. Son âge le classe parmi eux, mais son œuvre l'en sépare.

Il est, je crois, un vrai poète, et lui-même l'atteste quand il écrit :

> Si ce sont les amis, je n'ouvrirai pas
> La porte de ma paix au tumulte de leurs pas.
> Car, ô mon âme, tu es lasse des chants et des danses
> Et du rire des violons parmi les ténèbres...

A. F.

***

A quoi tient l'Infériorité française par Léon Bazalgette (Fischbacher, éditeur).

Aux heures de trouble, et quand les agitations des démagogues viennent fausser les rouages de la pensée nationale, quand nous sentons notre être social flotter, pour ainsi dire à l'aventure, sans guide, sans direction, au gré de nos sympathies instinctives et de nos fureurs passionnelles : c'est alors qu'il est utile de posséder sous la main un livre comme celui que vient de publier Léon Bazalgette. Dans cet ouvrage vous ne rencontrerez sans doute pas les aperçus hardis, piquants et neufs qui remplissent le précédent *Esprit Nouveau* du même auteur ; Léon Bazalgette s'est surtout proposé ici de nous rappeler nos traditions véritables, tout en nous faisant toucher du doigt les vices particuliers et les tares naturelles à la nation française. C'est donc un livre de science, que celui-ci : bourré de faits historiques, mais c'est aussi un livre de foi, voilà pourquoi, tous les jeunes hommes qui le lisent doivent l'aimer.

On sait, en effet, que la tactique désormais suivie par les théoriciens du Nationalisme consiste à désigner les admirateurs de la Révolution et les fervents de l'Idée républicaine comme des personnages anti-sociaux et des ennemis de l'Ame française. Les dilettantes du Catholicisme à la façon de Paul Bourget et de Ferdinand Brunetière, qui nous ont offert récemment le spectacle de conversions retentissantes, ne manquent jamais de déclarer que se dire anti-catholique c'est se dire anti-français, et que entre les adversaires de la religion romaine et ceux de la patrie, il n'existe pas de différence. Il s'agissait donc de dissiper une pareille équivoque, et je crois que Léon Bazalgette y a réussi.

Dans des pages documentées et savantes, le jeune philosophe nous fait suivre l'action anti-politique du clergé, depuis la Réforme jusqu'à nos jours. La lutte que celui-ci a engagé contre l'Esprit Nouveau est en effet quelque chose de formidable. Et le résultat d'une telle lutte fut désastreux pour la France, berceau de tous les grands mouvements intellectuels et moraux. M. Léon Bazalgette le prouve abondamment : ni la Réforme, ni la Révolution dont nous fûmes les promoteurs et pour qui sont morts des monceaux de chairs françaises, ne nous furent jamais profitables, alors qu'elles ont fécondé les autres pays ; et cela par l'influence du parti catholique. Cette hiérarchie a besoin, pour se reconstituer, de favoriser les ferments anarchiques. Le catholicisme est une organisation colossale qui ne peut s'accroître qu'en désagrégeant les sociétés où elle grandit. De là, notre infériorité actuelle et de là, la puissance des nations protestantes.

Voilà ce que dit Léon Bazalgette. De telles pages sont à méditer, et nous aurons maintes fois l'occasion d'y revenir. J'aurais voulu voir ce livre salué par toute la presse républicaine. Mais celle-ci n'existe plus, en vérité. Elle ne semble plus posséder d'idéal. Elle paraît oublier qu'elle n'existe pas seulement pour soutenir un personnel, mais qu'elle représente un ensemble d'idées, une tradition, une pensée, je dirai même une religion, une religion qui a eu son épopée, son martyrologe, sa littérature et même ses évangiles. Car lorsque les intellectuels de l'*Action française*, viennent déclarer que l'idéal républicain est anti-esthétique, ils émettent une absurdité. Les plus grands écrivains du XIXe siècle, Lamartine, Hugo, Michelet, Emile Zola furent anticatholiques et admirateurs passionnés de la Révolution ! et demain il y aura peut-être un art, un style républicain comme il y a eu une poésie révolutionnaire.

M. L.

***

Poèmes Ingénus de Fernand Séverin. — Librairie Fischbacher.

L'extrême innocence de l'inspiration, la limpidité du style, la langueur de la cadence, tels sont les charmes du poème de M. Séverin. Il faut reconnaître que ces grâces sont grandes. Personne plus que moi n'aime ses stances brillantes, d'un ton délicat et d'un son précis. Quand M. Séverin chante le ***Rossignol***, compose les harmonies des Matines angéliques, ou écrit des ariettes légères dans le sentiment de Verlaine, il touche, il séduit, il parle à l'esprit, pénètre dans l'âme d'une manière tranquille, il fait entendre une voix précieuse et maniérée.

> **Tu verras quel enfant règne sur mes pensers ;**
> **Tu verras sa fierté douce, ses yeux baissés,**
> **Et son silence et sa tristesse et son sourire,**
> **Et tout ce que des mots voudraient en vain te dire.**

Voilà en quels termes parle M. Séverin. Il ne cesse de montrer une grâce qui recouvre une mélancolie pleine de tendresse.

Je loue fort M. Georges Barral qui a entrepris cette publication des poètes français de l'Etranger. Mais qu'il n'oublie pas, à côté des œuvres de MM. Séverin, Ivan Gilkin, Gille et Giraud, qui ont leur attrait et leur séduction, les écrits du fort et dur Verhaeren, du rare et profond Maeterlink, et de tant d'autres poètes de Belgique qui honorent les Lettres et la langue française.

S.-G. DE B.

* * *

Napoléon III. — Manuscrits inédits de Proudhon, publiés par Clément Rochel.

M. Clément Rochel a entrepris de réunir, de classer et de publier les papiers laissés par Proudhon après sa mort. Il nous a déjà donné le pamphlet sur ***Napoléon***, les notes ***écrites sur Jésus***, fragments d'un intérêt solide et continuel. Il vient de faire paraître tout un épais volume qu'il a intitulé ***Napoléon III***.

Proudhon ne laisse jamais indifférent. Comme tous les grands esprits il a sa marque, il l'imprime partout, sur la moindre note. Avec son style sobre et fort, il répand des lumières rapides, il tranche les ombres, dans les questions les plus confuses. Pourvu d'une grande clarté d'esprit, il expose tout en termes vrais, parce qu'il conçoit violemment. Apporter des définitions, c'est à mon avis le fond du génie, seulement il s'agit de les faire exactes. Dans le fond les grands philosophes n'ont rien accompli d'autre que de donner des choses des explications rationnelles et limitées. Exposer la réalité qu'est-ce sinon découvrir des lois, et voilà ce qu'ont fait Descartes, Gœthe ou Renan.

Ce grand don de bien définir, Proudhon l'avait fortement. Ce qui lui manquait, c'était la raison. Il savait trouver à tout une solution particulière, il pouvait la rendre claire en l'exposant lui-même, mais si la forme était vraie la pensée ne l'était pas. Proudhon était un grand styliste, il n'avait pas de sagesse.

Quoiqu'il en soit Prudhon mérite d'être étudié. Impétueux et net dans ses sentiments, dru et pathétique dans ses expressions, Proudhon a présenté de beaux fragments qui, dans les volumes composés par l'art de M. Rochel, ne sont ni rares, ni isolés, mais nombreux et continuels. Chaque chapitre contient des phrases riches, dont l'esprit le plus vif alimente la substance. Il y a beaucoup à prendre dans son *Napoléon III* comme dans tous ses autres ouvrages. J'ajoute que des notes fort curieuses, des commentaires soutenus de faits et de raison, des anecdotes historiques du plus constant intérêt, dus à M. Clément Rochel et placés à la fin du livre, l'augmentent d'une manière fort utile et fort plaisante.

S.-G. DE B.

*
* *

La *Vie Artistique* par Gustave Geffroy, eau forte de Camille Pissaro. (Floury, éditeur.)

M. Gustave Geffroy, qui a écrit les pages serrées de l'*Enfermé* et les contes d'un ton sombre du *Pays de l'Ouest*, et tant de pages fortes sur l'art, vient d'ajouter un tôme nouveau à sa savante série de la *Vie Artistique*. Je dirai nettement le bien que je pense de l'effort de M. Geffroy, de sa culture, de sa méthode simple et précise, de sa discipline et de sa pensée.

M. Gustave Geffroy est un critique d'action. Et c'est par là qu'il me plaît. Il rapporte tout à ses principes, et je l'en loue fortement. Précis dans ses conceptions, possédé par une sure logique, il étudie toutes les œuvres d'art sous un certain rapport, toujours le même. Un esthéticien naturiste voilà comment, à mon avis, il faut le définir, le caractériser. Il n'a pas d'autre doctrine que la réalité, ses dogmes lui sont inspirés par l'intelligence du système du monde, il aime tout effort vers l'ordre de la vie, tels sont ses sentiments constants et directeurs. Et combien il a raison de vouloir les inspirer, non pas d'une manière despotique mais par la persuasion du goût, de la connaissance et de la sagesse ! Car ce qu'il nous faut aujourd'hui, ce sont des hommes de croyance, des esprits disciplinés, des commentateurs des lois naturelles, des artistes de la vérité et de la terre. Implacable comme la raison. M. Gustave Geffroy a le sens de son rôle, il est un des sûrs directeurs de l'art moderne.

Explicatif et véhément tout à la fois, sobre et fougueux en même temps, il a composé des panégyriques de Monet et de Rodin, il a écrit des analyses de Renoir et de Sysley, de Meunier et de Pissaro qui sont des pages d'une force violente et d'une clarté rationnelle. Je remarque une grande certitude dans ces excès. Soutenu par une science continue, M. Geffroy ne se livre pas à l'inspiration du moment, mais c'est un ensemble de pensées rigides qui supporte ses opinions, son goût et ses préférences. Très concentré, très sobre, très net, il va droit au but, tranche à travers tout, et ne se trompe pas sur les grandes questions. Lorsqu'il admire Monet ou Puvis de Chavannes, je ne puis que l'approuver ; quand Cézanne, vieux maître de pensée et de couleur, lui semble digne du Louvre, il faut bien l'admettre; s'il parle avec bienveillance de Gauguin,de Luce, de Signac et d'autres, qui est-ce qui peut l'en blâmer ? Tous ces artistes silencieux, convaincus, précis, primitifs, seront les gloires de l'époque, parce qu'ils auront cédé à la justice des choses, étudié la réalité et approfondi la beauté du monde.

Quant à Manet et à Rodin, dès à présent, ils sont l'honneur de notre pays. L'un et l'autre je les trouve égaux, aussi beaux, et d'une variété extraordinaire.

« On ne peut prévoir, dit M. Geffroy, à propos de Claude Monet, les évolutions d'un pareil artiste. Lui-même acharné à comprendre et à apprendre, ignore les découvertes que lui ménage la nature. » Que cela est exact, réel et juste ! Par des hommes d'un génie sensible, il y a en effet renouvellement constant, parce que l'univers se révèle à eux sous ses formes sans cesse dévoilées et inconnues et parce que le monde les trouve toujours prêts.

Voilà ce que ne comprennent pas la plupart de nos critiques. M. Geffroy, lui, le sait, il suit les artistes dans tous leurs mouvements, c'est qu'il est aussi pénétrable qu'eux aux impressions de la nature panthéistique et mystérieuse.

S.-G. DE B.

LIVRES REÇUS

Le Cœur Errant, par Albert-J. Brandenburg (Edition du Mercure de France). — ***Les Voluptueux et les hommes d'action***, par Achille Segard (Ollendorf, éditeur). — ***Les Sapins des Vosges***, poème par Maurice Deligny (Editions de « la Pensée » à Belfort). — ***Les Vendanges de Vénus***, poèmes par Ernest Gaubert (Editions de « la Plume »). — ***Le Crime d'obéir***, par Han Ryner (Editions de « la Plume »). — ***Auguste Rodin, statuaire***, par André Veidaux. — ***Processions dans l'âme***, par René d'Avril (Edit. du Mercure de France). — ***Les Filles d'Eros***, poème par Touny-Lérys (Edition de « Gallia »). — ***La Carrière d'André Tourette***, par Lucien Mulhfeld (Ollendorf édit.). — ***Poèmes bibliques***, par Charles Bernard (Buschmann édit. Anvers).

Le Journal d'une femme de chambre, par Octave Mirbeau (Fasquelle édit.). — ***Le Trèfle à quatre feuilles***, par Louis Morosti (Société libre d'édition). — ***L'Alsace et la Lorraine***, conférence par Maurice Barrès (Bureaux de la Patrie Française). — ***Jésus-Christ d'après l'Evangile***, par Albert Jounet (Saint-Raphaël, imprim. V, Chailan). — ***La Maison***, poème par Georges Bouyer (Vanier édit.) — ***Napoléon III*** par Proud'hon, avec préface et notes de Clément Rochel (Ollendorf édit.) — ***L'Enfant***, poème par Joachim Gasquet (Edit. du Pays de France).

UNE LETTRE
de Saint-Georges de Bouhélier

Mon cher ami,

Voulez-vous rétablir ainsi dans leur forme intégrale et vraie, trois phrases que, à cause d'un voyage en Hollande et dans les Ardennes, je n'ai pu revoir sur épreuves, et que souillent bien malheureusement des fautes complètes :

Page 38 au cours de l'article sur la *littérature* :

« Tous les arguments possibles, tirés de l'ethnographie, de la botanique et de la grammaire ne feront jamais que Hugo, chez qui fourmillent tant d'erreurs, que Saint-Simon si hardi sur la construction expressive de ses périodes et que toutes sortes d'autres grands hommes ne soient des poètes parfaits et des génies véritables. »

Page 40, dans le même article :

« Il n'y a rien de plus inepte que de ne pas lire un livre sous prétexte de se soustraire à l'effet de sa lecture, de ne pas fréquenter quelqu'un de peur de subir l'ascendant de son esprit, etc... »

Et toujours page 40 un peu plus loin :

« Mais que dire de ceux qui, pillant une œuvre, traitent son auteur des pires noms, qui s'enrichissant d'autrui, lui nient ensuite tout mérite, etc... »

Merci mon cher ami, et bien à vous.

SAINT-GEORGES DE BOUHÉLIER.

Dinant (Belgique).

ÉCHOS

L'Enquête du *Radical* vient d'être close par des déclarations admirablement nettes et lucides d'Emile Zola. Peut-être nos lecteurs goûteront-ils la partie de la réponse du Maître qui se rapporte à nos tendances :

« Dès maintenant, nous voyons dans la jeunesse des tendances vers la nature, une rentrée dans la tradition, dans le grand courant scientifique du siècle. Par exemple, en littérature, le *Naturisme* a montré depuis quelque temps cette évolution vers la vérité. Il y a dans ce jeune groupe de réels talents : Eugène Montfort, Albert Fleury sont des poètes très simples, très naturels ; Maurice Le Blond s'est révélé comme un critique très pondéré, très sensé.

Si *La Route Noire*, le roman de Saint-Georges de Bouhélier, ne convient pas encore tout à fait par le choix du sujet aux grandes aspirations des foules, du moins c'est un livre humain, d'un intérêt délicat et d'un accent qui émeut. *La Route Noire* appartient au genre de *Manon Lescaut*, de *Paul et Virginie*, de *La Princesse de Clèves*.

C'est un retour au roman sentimental, à la psychologie intime et à l'étude des passions. Il y a dans ce volume un type de petite prostituée, Lénore, qui me paraît surtout émouvant. Sans aucune vulgarité, et en restant toutefois exact, Bouhélier a montré là une créature douloureuse, d'une saveur toute particulière et toute nouvelle, d'un ton tout à fait touchant. Il l'a peinte dans son existence de chaque jour. allant et venant dans la rue, liée avec des gens misérables, parmi lesquels un cordonnier, pauvre être pitoyable et difforme, mais animé d'une passion farouche qui l'attache à sa maitresse avec une étrange puissance. Il y a là des pages vraiment saisissantes.

Ce qui me frappe, en outre, dans ce livre, c'est qu'il est par beaucoup de points vraiment nouveau, bien qu'il soit dans la tradition avec la clarté du style et l'exactitude de l'étude. Bouhélier a réussi à faire des personnages très humbles, très ordinaires et très habituels, qu'il a dépeint dans son roman, des sortes de héros humains, par une gradation insensible et en découvrant à leurs moindres actions des raisons belles et profondes. Il a d'ailleurs réalisé là le programme des Naturistes, qui consiste à célébrer, à glorifier lés petits faits de la vie.

En résumé, je le répète, je crois à l'élargissement de la littérature par l'étude des foules, des mouvements sociaux, par une union plus étroite des écrivains avec le peuple, par une mutuelle pénétration de l'un et de l'autre. L'art évolue évidemment vers toujours plus de vérité. Et des livres comme *La Route Noire*, de Saint-Georges de Bouhélier, avec leur simplicité, leur vérité sentimentale et leur saveur de passion, sont des preuves qu'il se fait chez les jeunes gens une évolution très sérieuse, très constante, vers la réalité, vers la vie. »

De Saint-Georges de Bouhélier, encore ces fortes et ardentes déclarations :

« Devenir l'expression d'un peuple, voilà le but que je propose moi-même aux jeunes poètes. C'est vous dire que je donne à l'art un sens tout à fait social. J'irais même plus loin, si je ne craignais de n'être pas compris complètement. Pour moi, la littérature doit régénérer les esprits, créer en eux une foi nouvelle, célébrer la beauté des choses réveiller tous les sentiments de l'idéal. Il appartient aux poètes de construire une théogonie et de constituer des lois. L'art a donc pour but d'apporter aux hommes, en même temps que de la beauté, une législation et une religion. Vous voyez combien je vais loin dans l'attribution à l'art d'un caractère civique, humain et national... »

Cette opinion sur le symbolisme :

« Je les ai beaucoup attaqués pendant longtemps. Leurs théories étaient fausses Mallarmé et quelques autres ont nui à certains esprits qui, depuis, ont réagi. Il y a parmi eux de grands talents. Mais, au fond, qu'est-ce que de belles phrases, pourvues de gracieuses cadences, dans le grand courant de l'homme vers la vie ! »

Les opinions de Mme Judith Gautier sont précieuses aussi pour leur tour libre et spirituel. Son jugement sur Edmond Rostand ne manque pas de saveur :

« Je n'ai vu jouer de lui que la *Princesse lointaine*. Le sujet est ma foi ! joli. Mais j entendais mal les vers. Heureusement, car j'aurais beaucoup souffert, ce qui est d'ailleurs arrivé lorsque je les ai lus. Inutile de vous dire que je ne suis allée voir jouer ni *Cyrano de Bergerac* ni l'*Aiglon,* et que je n'irai pas. Je n'éprouve pas la moindre curiosité. Puis je me méfie toujours beaucoup de ces bruyants succès. Mon opinion est faite d'avance sur ces œuvres-là : pour qu'on les célèbre de la sorte, c'est qu'elles ne doivent pas contenir beaucoup de beautés, la beauté possédant l'ingrate vertu d'effrayer et d'effaroucher. Oui ! croyez-le bien, on ne fait du succès qu'autour des œuvres quelconques, des œuvres médiocres dont on n'a rien à craindre. »

Enfin, on devra lire, en outre des réponses que nous avons déjà signalées, celles de MM. Paul Meurice, Henri de Régnier, Albert Fleury, Paul Brulat, Marcel Prévost, etc...

L. C.

*
* *

Un mot de Saint-Saens. — Comme quelqu'un, devant Saint-Saens, émettait des doutes sur les mérites littéraires et poétiques de *Prométhée,* la pièce à grand spectacle représentée récemment aux Arènes de Béziers, celui-ci répondit :

« Lorsqu'on a un soleil radieux, on ne recherche pas d'autre lumière ; le soleil suffit. »

Le mot est sévère, mais il est juste. Et pour nous, dont l'optique n'est point faussée par la lumière méridionale, qui avons lu simplement le livret à la lueur d'une chandelle, nous nous refuserons à considérer comme un chef-d'œuvre cette fabrication conventionnelle et médiocre. La croupe de Jean Lorrain ne sera point saluée par nous comme un astre nouveau.

*
* *

Nous apprenons la mort de Mademoiselle Marie-Amélie Charpentier, sœur de Gustave Charpentier. Nous tenons, en cette circonstance, à témoigner à l'auteur de *Louise* de la part que nous prenons à sa tristesse, et de nos sentiments de toujours vive et profonde affection.

Le Gérant : Emile PIVOTEAU, Imprimeur, à Saint-Amand (Cher)

RÉFLEXIONS SUR LE NATURISME

A Sigurd Ibsen

> Ces arrière-pensées, sur quoi se fondent les relations humaines, et à quoi souvent elles ajoutent encore un attrait, n'existent point dans l'amour ; elles ne peuvent naître que dans les moments qu'il faiblit. Si vous parlez avec une arrière-pensée, c'est que votre but est au-delà de vos paroles ; or, quel but au-delà de l'Amour connaîtra celui à qui UNE SEULE CHOSE EST NÉCESSAIRE ?
>
> (JOSEPH BOSSI, *le Voile et la Couronne du Baiser Terrestre.*)

Que tous les siècles soient en notre jeunesse puisque leur suite s'achève et naîtront en celui-ci, est une vérité qu'au travers des difficultés vous ne perdrez pas de vue. Car elle exprime assez la gravité de notre tâche. N'est-ce pas aujourd'hui qu'il faut élever une face de pierre à ce dieu inconnu, qu'est le siècle qui naît au moment que nous avons vingt ans ? Cette vérité, qu'ils sont tous en lui, contient le principe de notre joie et de notre peine : car si le futur est tout entier déterminé par le passé, l'on peut dire que ce qu'il y a d'accompli dans le passé lutte contre ce qui n'y est qu'en puissance.

Ce ne serait pas un symbole vain que celui qui parle fut le plus jeune par les années. N'est-ce pas une piété envers les siècles que de leur proposer des images ? — Pourtant, n'oublions pas que la jeunesse est quelque chose de mystérieux qui ne tient pas aux années, que si elle est un trésor qui se dépense en monnaie à chaque minute, il y a des hommes si riches qu'ayant beaucoup dépensé pendant longtemps, ils blanchissent riches encore et prodigues, tandis qu'il y en a d'autres, hélas ! qui ayant toujours économisé, n'ont jamais possédé. En vérité, la jeunesse est un trésor si mystérieux que plus vous en aurez donné, plus vous en aurez gardé. Ainsi soit-il.

I

Le siècle qui s'achève, qui a tant parlé de synthèse, restera probablement dans les esprits comme le grand développement de cet effort d'analyse qui part de la Renaissance et qui est le plus violent qu'on ait vu. — La critique moyenne s'exerçant dans les hautes sphères de la recherche a eu le plaisir, plus souvent qu'on ne l'avait jamais eu, de trouver occasion de répéter qu'il n'y a point d'erreurs ni de vérités neuves. Et il faut sans doute l'en croire.

Nous sommes cependant quelques uns, — nombreux si l'on considère la petitesse de l'Europe, — qui sentons, d'un savoir invincible, qu'au moins il y a de ces idées qui contiennent une singulière vertu de *devenir*, la vertu de devenir *vraies*. Elles existaient déjà, il faut le croire, elles étaient anéanties, sans doute, depuis longtemps, avant même que d'exister, si l'on veut : voici qu'elles deviennent dans la réalité, et qu'elles y entrent.

Or ceci est vieux, n'a rien que d'ordinaire : mais ce qui est prodigieux, ce qui fait qu'il y en a quelques-uns, qui peut-être se désespéraient d'être si graves, qui regrettent de ne pas l'avoir été davantage, c'est que nous sentions ceci. — En vérité nous eussions dû accomplir plus de travaux ce soir, car les plaisirs de la fête étaient proches.

Car, que nous sentions ceci, que les idées deviennent vraies, et il nous a fallu bien du temps pour le sentir, cela nous mène aussitôt, et sans solution de temps, à *vouloir* qu'elles deviennent vraies. Et cela nous le voulons d'une force qui nous est irrésistible, d'une force nouvelle, d'un désir nouveau, plus grand que nous-mêmes peut-être, plus grand que notre moi ancien, certes.

Idées! C'est tout brûlés au dedans de nous par les flammes de l'orgueil, c'est tout lavés au dedans de nous par les eaux de la solitude, que nous vous avions fait place en nous. Mais à peine, hôtes étranges, êtes-vous en nous, que vous y gouvernez pour vos seules fins de réalisation, et que ce qui avait été orgueil devient servitude, et solitude désir d'autrui. Nous qui ne vous avions connues que par notre grandeur vous nous faites connaître notre petitesse devant vous; nous qui ne vous avions connues que dans la solitude, où était notre orgueil, vous nous la faites quitter pour que vous régniez ailleurs. — On entre dans un monde retourné où le blé existait avant le laboureur, et où il le commande, pour que le laboureur le fasse pousser. On entre dans un drame que nous avions fait, et ce sont ses personnages qui font mouvoir nos bras.

Il y a eu un temps où nous disions : la solitude même de notre amour est une finalité assez austère à l'Univers dernier. — Non ! Voici que notre amour nous mène parmi les formes changeantes des mondes, et dans chacun d'eux il nous fait voir la puissance d'une *réalité* nouvelle de l'Idée. Ainsi l'Amour nous menant, nous rend les intermédiaires entre tout ce qui est. Amour! tes esclaves sont sans réserve : c'est parce que nous avions l'âme de ceux qui commandent, que tu nous as choisis pour tes esclaves.

Et dès le jour que nous eûmes senti cela, que les Idées nous commandaient vers leur réalité, nous menant à cette fin vers d'aucuns, une religion était née. Car le propre d'une religion est de relier dans une unité des hommes entre eux, par cela même dont aussi chacun d'eux relie en lui dans une unité les diverses forces de sa vie intérieure. Vous vivrez dans la réalité accomplie de l'Idée lorsque l'Idée sera entré en vous comme elle est en nous.

Il est bien dangereux de tâcher à parler de ces choses dans une forme familière, et d'une écriture cursive. Parler est une douleur. Les vingt ans du Héros, au lieu de fleurir dans les fêtes sans trouble de l'Inconscient, deviennent semblables à une parturition terrible.

Et y a-t-il quelqu'un qui puisse dire quelle sera l'Idée du temps présent? — Non, peut-être. Mais nous sera-t-il interdit, à nous qui sommes de ce temps et la chair et le sang, et qui vivons et qui mourons de son ardent esprit, nous sera-t-il interdit de nous grouper autour de ce qui est notre foi, et que nous croyons qui sera son Verbe.

Non, sans doute, puisqu'en nous l'idée d'une religion était antécédente *aux idées* de cette religion, puisque nous croyons qu'une religion n'a jamais été que la religion d'un temps, ou plutôt, et ceci est la clef de voûte, que la seule religion éternelle est celle qui évoluera comme l'éternel Devenir lui-même. C'est sur cette loi que l'on bâtira la seule religion qui soit une dans le Temps.

Au-dessus des points de vue d'où l'on partage les morales individualistes et altruistes, il y a une vérité qui ne considère que l'être et lui connaît deux pôles : le Héros, l'Univers. Tous deux peut-être se réuniront quelque jour dans la substance du Dieu futur.

Tous les êtres contiennent en puissance le héros,

qui n'est qu'un état évolutif plus avancé. Tous les êtres, et le héros, et l'univers, contiennent en puissance un état d'eux-mêmes qui est leur état *le plus réel.* Dans cet état, la beauté de l'être est aussi sa bonté, et sa vérité. C'est sur la notion de l'identité de ces trois attributs principaux de l'être que se fonde pour nous la conception du Poète, et celle de la Beauté dans la vie.

Le Poète ordonne les fêtes, il possède les rites dyonisiaques, l'orgiastique, le corybantique, et l'apollonien ; mais il connaît de plus pâles, de plus secrètes clartés, et jusqu'à la pitié. O cœur sensible ! simple et anagogique !

Le Poète porte le glaive, il est orphique, voilé, couronné, silencieux, secret, très vivant, il est savant, et il sait ce qui est bienfaisant et ce qui est terrible. Il est secoué de rires, il est plein de souffrances et les ailes du Bonheur l'ont effleuré. Ses mains imposent, il est dans la *présence* des temps et des espaces, et il est revêtu d'amour. Il est simple, et il répand ce qui est terrible. Sa seule faiblesse c'est sa complexité ; il la mène aux divers sens de l'extrême, et lorsqu'elle l'a enseigné il la tue. Parce qu'il est fort, sa faiblesse sert sa force. Il ne cultive point de mélancolie, mais n'ignore pas le désespoir. Il est naturel, davantage que tout ce qui est. Il connaît d'humbles prestiges, et il est naïf. Il ne l'est point, il était double : sa sérénité a nourri les jeunes renards qui dévorent la poitrine, — mais sa sérénité s'élèvera sur tout ce qui est, joyeuse, et tout ce qui est était en lui.

Ainsi le poète, fondant sa vie sur la notion de l'être, est naturellement ennemi de toute morale restrictive.

Voilà une chose, la morale restrictive, contre quoi il ne s'est jamais élevé tant de voix qu'aujourd'hui. Il serait à désirer qu'il y en eut davantage parmi elles qui sussent que deux vigoureux moyens d'être restrictif, c'est d'être étranger — ou de se vouloir tel — à la notion de *loi,* — et encore de croire que nous puissions atteindre à quelque genre de plénitude qui ne soit pas fondée sur un *choix*.

Choisir, voilà le contraire de se restreindre. Il n'y a pas de plénitude sans unité, il n'y a pas de plénitude sans synthèse, il n'y a pas de synthèse sans abstraction, et abstraire, c'est choisir. Faculté de choisir, seconde autochtonéité ! Devant ta nécessité et ta liberté ceux-là tremblent, qui ne sont que des esclaves affranchis. Ce n'est pas seulement la volonté, c'est la vie, qui est un choix. La Beauté est un choix : car Jésus a dit à Marie : « Tu as CHOISI la MEILLEURE part. »

Nous serons d'autant plus grands que l'objet de notre amour aura plus d'unité. Mais une vue nette de ceci implique qu'il n'y a d'unitaire que ce qui comprend tous les modes de l'existence, car autant d'êtres vous aurez rejetés, autant d'ennemis aurez-vous suscités en vous à l'objet de votre choix. Qui oserait dire aujourd'hui qu'il faille excepter même la douleur ?

Il n'y a point ici de contradiction avec ce que j'ai dit de la faculté de choisir : car les antinomies, qui sont des dualités, ne sont résolues que par l'élection d'un troisième mode, qui les surmonte et les unit. Car à la vérité, ce qu'il importe de choisir, c'est tout ce qui est, hors le néant. Et, bien qu'il soit difficilement concevable qu'il puisse exister du néant, il n'en est pas moins vrai que le néant existe, non en soi ou par soi, mais au titre de phénomène, par les rapports contraires que les êtres ont entre eux. Encore ce néant est-il tout relatif, et ne le saurait-on concevoir que comme l'absence de ce qui serait sans la contrariété des rapports qui le constituent. C'est dans ce sens que l'Etre, ou Dieu, est un futur.

Tant il y a que d'éviter ce néant, nous y arriverons par cette unité de l'objet de notre amour, que nous avons ou qui fera la grandeur de celui-ci.

Et la marque de cette unité qui doit être l'attribut de l'objet de notre amour, c'est la Beauté.

II

Beauté ! voici que les paroles, qui comme des femmes s'étaient prostituées à un peuple entier, et par l'effet de la force de la terre qui était en lui, avaient pris beaucoup de force et de familiarité, ont été rachetées par nos souffrances. Et voici qu'elles ont acquis une virginité nouvelle, et que, parées de ce mystère, et du simple éclat qui n'a cessé de luire en elles, elles s'approchent de ta couche, elles n'en sont plus destituées, ô Reine !

Beauté ! nous qui sommes les entremetteurs entre tout ce qui est, nous le dirons, de quelle persuasion suprême : tu es l'apparence de l'être.

Et puisqu'il y en a qui sont venus nous montrer qu'il n'y a rien pour nous que des apparences, de quelle ivresse sereine n'allons-nous pas nous livrer tout entiers à toi, sachant que tu es tout ce qui est.

Et que l'on ne s'y trompe point : il n'y a point ici de ces jeux de mots sur quoi s'assirent des Eglises. Mais la Beauté est véritablement l'apparence de l'être, de quelque façon qu'il nous apparaisse, que ce soit par nos sciences, la mathématique, l'astronomie, la physique, la chimie, la biologie, la sociologie, l'éthique, ou par nos sens, qui sont aussi au nombre de sept, ou par les beaux-arts, ou par notre instinct, ou par quelque mode de connaissance que nous ayons. Il n'y a point d'apparence de l'être qui ne soit belle, et la Beauté est si complètement et si suffisamment définie l'apparence de l'être, que c'est son absence qui démontrera le néant.

Or le propre de la Beauté est de déterminer l'Amour et il n'y a que la Beauté qui détermine l'Amour.

Et l'Amour de l'Etre est aussi sa bonté, et la vérité n'est point en dehors. Ainsi, lorsque saint Thomas dit de la contemplation qu'elle est un regard simple sur la vérité, « simplex intuitus veritatis » ou saint Bernard qu'elle est une élévation de l'esprit en Dieu, « elevatio mentis in Deum » (1), ou saint Augustin qu'elle est une admiration agréable de l'évident, « perspicuæ veritatis jucunda admiratio, » (2) ils ne font qu'exprimer une même vérité, puisque la réalité de l'être, qui est Dieu, est la même que sa vérité, laquelle, nous donnant de l'admiration, est aussi sa beauté.

(Cette contemplation amoureuse se doit entendre dans un sens qui n'exclut pas l'activité, et qui en est même naturellement inséparable).

Les rapports qu'il y a entre une âme et l'idée qu'elle a de l'objet principal qu'elle se propose, sont tels que tout ce qui se présente à cette âme ne lui parvient qu'en prenant la couleur, le mouvement et la direction de cette idée. Il y a un soupçon de ceci dans la théorie de la cristallisation que nous donne Stendhal. « Ce que j'appelle cristallisation, dit-il, c'est l'opération de l'esprit qui tire de tout ce qui se présente la découverte que l'objet aimé a de nouvelles perfections. » Plus loin : « Le jeu et la haine ont aussi leur cristallisation. » Et enfin : « Si toute croyance où il y a de l'absurde et du non-démontré tend toujours à mettre à la tête du parti les gens les plus absurdes, c'est encore un des effets de la cristallisation. »

C'est par un instinct de ce que j'ai dit que Stendhal a soupçonné, que les philosophes ont toujours tâché à se faire de l'univers une conception si principale que toutes leurs idées puissent se ramener à cette conception et en dépendre. C'est qu'il faut que toutes les analyses de la raison ne puissent empêcher tout ce qui existe de s'ordonner sous cette idée principale, sinon elles contrarieraient ce que Stendhal nomme *cristallisation*, qui est des états de l'homme le plus plein de délices et de passion.

(1) De scala Claustralium.
(2) De spiritu et anima, cap. 32

Le philosophe et l'artiste procèdent, tous deux, inconsciemment ou non, par abstraction : mais l'abstraction du philosophe généralise et simplifie, cherchant à voir ce que les êtres ont de commun ; celle de l'artiste, au contraire, s'attache à ne conserver que ce qui les différencie. — Le trésor des âges, cependant, érige en face de notre admiration le souvenir de certains hommes, véritables amants ceux-là, qui s'attacheñt à ne voir de chaque être que sa seule et particulière nouveauté, pour ensuite la soumettre aux lois générales et solidaires qui les régissent tous. Il faut le dire en vérité, tout ce qui est descendu de sublime parmi nous tient au lot de ceux-là. Ceux-là seuls n'ont invoqué nul aveuglement pour arriver à la possession de l'unité de l'amour.

C'est après s'être pénétré de ces diverses idées que le poète, sachant que la beauté, la bonté et la réalité inséparables de l'être ne sont attribuables qu'à son unité, rejettera, comme fragmentaire, toute destination de sa vie qui ne serait pas aussi celle de l'univers. Notre fin est cosmique, et non humanitaire, puisque d'ailleurs nous n'avons nulle raison de nous tenir pour assurés que l'humanité durera, tandis qu'il est contre tout entendement que la force de l'univers cesse de développer son action. c'est la première fois, qu'on le considère, que l'homme s'est trouvé assez seul avec lui-même pour ne plus envisager qu'un tel horizon. Notre vie sera parallèle aux mouvements des mondes, et c'est ce qu'il y a dans ces mouvements de plus essentiel, de plus pur et de plus saint, qui se fera jour dans les œuvres de notre esthétique et qui précipitera les bondissements de nos danses tragiques. C'est par ces raisons que chacun est intéressé à notre conservation ; et s'il existe quelque part de la force et de la sainteté, vous profiterez de cette force et de cette sainteté, même en l'ignorant, mais incomparablement davantage en reconnaissant qu'elle existe, et par le seul fait de cette connaissance vous servirez cette force et cette sainteté, grâce aux vertus magnétiques qu'il y a jusque dans les présences les plus éloignées et les acquiescements les plus silencieux.

III

Entre l'univers, qui est l'être, et le héros, qui est à l'univers ce qu'il y a de plus important, et qui est l'univers se connaissant, il y a dans le présent, comme entre le père et le fils, un rapport d'amour, qui est le saint-esprit. Par une tendance intrinsèque propre à tout ce qui existe, il arrivera que cette trinité se développera jusqu'à s'unir en une seule personne, qui sera l'univers arrivé à sa réalité finale — c'est-à-dire le dieu futur.

Ce sont là de ces vérités ésotériques à la possession desquelles on ne peut arriver que par soi-même. Elles ne sauraient encore être enseignées qu'oralement et occasionnellement. Le meilleur moyen de servir le dieu futur, c'est après l'étude et la création, l'amour, non humanitaire, mais d'élection : l'amour qui unira le maitre et le disciple. l'amour qui unira l'ami et l'ami, l'amour qui unira entre eux les divers frères d'une même religion, et enfin et surtout, l'amour des amants. C'est ce dernier qui doit être le but et la cause des actions immédiates et des sentiments immédiats et des pensées immédiates de votre vie dans le siècle, et c'est par le moyen de l'amour que votre vie atteindra à ce qui est en dehors du siècle. L'amour elu d'un homme pour une femme et d'une femme pour un homme, cette union charnelle, visible, sensuelle et omniprésente, complète, parfaite, achevée en soi, suffisante, nécessaire, harmonieuse, esthétique, qui est encore une union des âmes, des destinées, et de l'intelligence, qui est encore une union de tous les êtres et de toutes les forces en nous-mêmes, moyen de tout, passion extrême, qui est encore plus que tout cela une union une, et qui est encore plus que tout cela une union indicible, — source de la vie, forme actuelle de toutes les finalités futures de l'univers, c'est de se porter au plus haut point que les mondes aient jamais connus qui sera notre tâche, — architecture, cathédrale où des prêtres sans rites laisseront officier l'enchaînement brûlant des causes qui doivent amener l'extase éternelle du dernier baiser.

Comme il n'est rien que le poète, conscient avant tout du dynamisme universel, à quoi sera parallèle le dynamisme lui-même de la Religion Finale, et désireux de l'unité qu'il y a dans ce dynamisme, — ne cherche à rattacher à son passé, nous aurons une particulière dévotion pour le paganisme hellénique, jeunesse du monde, patrie élue de l'amour sexuel. Il convient d'autre part d'honorer particulièrement sinon, à l'égal du cinquième siècle païen, le glorieux treizième siècle catholique, qui a tant fait pour les sentiments de l'amour. Cette reconnaissance systématique envers un siècle précurseur, qui synthétise admirablement l'une de nos plus importantes origines historiques, ne comporte d'ailleurs nulle concession à la religion funestement paulienne. Ajoutons d'ailleurs, que le triste héritage que nous lègue l'époque qui meurt rend davantage opportunes une digne celébration de l'esprit hellénique et païen, et une efficace appropriation de ses bienfaits à la vie moderne. Notamment, les qualités que l'esthétique grecque a été seule à réunir, à la fois aristocratique et populaire, œcuménique et nationale, individuelle et cosmique, sacrée pour tout dire appartiendront également à celle, bien différente de matières et de conception, dont l'élaboration est réservée à notre âge.

IV

Voici que nous avons déposé toute volonté qui n'était pas le désir de l'Idée qui doit unir tout ce qui est, et nous avons parlé de ce qui est la cause, mais non le moyen.

Nous avons connu que tout être tend vers un état de réalité de lui-même, qui est la beauté ou l'amour, et qu'il obtiendra par l'union avec ce qui lui manque le plus, qui n'est pas ce qu'il a le moins. C'est au nom de plusieurs harmonies qu'il y a entre la parole et le silence, qu'ici, pour les âmes solitaires. Nous avons exprimé imparfaitement ces choses qui étaient déjà anciennes en nous lorsqu'il y a plusieurs mois nous les écrivîmes. Aujourd'hui nous en sommes éloignés en plusieurs points ; plusieurs de ces pâles magnificences nous sont devenues étrangères, et la clarté d'autres secrets est venue sceller sur notre bouche l'ineffable mot des destinées.

Il nous a été donné enfin d'éprouver une vie nouvelle, selon qu'il a été dit : « Si un homme ne naît de nouveau, il ne verra point le royaume de Dieu. » C'est pourquoi nous avons quitté et la ville et la solitude et nous allons en voyageurs parmi les villes des hommes, n'emportant avec nous que le Livre et le bâton de ceux qui dorment sur les routes. Ivresse sereine d'un absolu dénûment ! Les villages sont dans la lumière et il y a des faces sur lesquelles je lis. La ressemblance de ce qui est est partout. Mais de ces visages, n'en rencontrerions-nous que quelques-uns, non pas même, mais un seul, ne dirions-nous pas à la Beauté et à l'Amour ce que Jésus disait au Père : « Je prie pour eux ; JE NE PRIE POINT POUR LE MONDE, MAIS JE PRIE POUR CEUX QUE TU M'AS DONNÉS, PARCE QU'ILS SONT A TOI. ». (Jean, 17. 9.)

CHRISTIAN BECK.

Christiania, août 1900.

SE DISPERSER

Parfois, une heure avant que le soleil se lève,
Mi-réveillé, les yeux tout embrumés de rêve,
Je longe la rivière où jasent des roseaux.
L'aurore au front nacré se mire dans les eaux
Qui glissent, sans un pli, jusqu'aux lointains d'opale,
Des saules inclinés laissent leurs feuilles pâles
Effleurer, en tremblant, la rive vaporeuse,
Des lierres, dont les bras enlacent des yeuses,
Luisent dans le brouillard qui drape son linceul,
Des souffles odorants émanent des tilleuls
Et le bruit frais que font les jeunes peupliers
S'éteint sous les ormeaux encore ensommeillés.

Ce calme, ce ciel clair où l'aurore naissante
Monte et s'épanouit comme une immense rose,
Ces parfums assoupis, cette brise indolente,
Pareille aux battements d'une paupière close,
Cette eau qui coule à peine et ces arbres qui chantent
Envahissent mon âme et la mêlent aux choses.

Brin d'herbe qui descend la rivière tranquille,
J'affronterai bientôt les remous d'une écluse,
Fleur d'iris, que veloute une clarté diffuse,
Je m'entr'ouvre parmi les roseaux immobiles,
Frêne svelte, plein d'ombre et de nids murmurants,
Je livre ma ramure aux étreintes du vent,
Enfin, hymne élancé de l'onde aux flots vermeils,
Je me perdrai dans l'or glorieux du soleil.

ADOLPHE RETTÉ.

VARIATIONS SUR LA LITTÉRATURE

VI

OCTAVE MIRBEAU

Dans ma dernière variation je parlais d'un homme de lettres, je vais parler cette fois-ci d'un écrivain. Au sens où nous comprenons ce mot, Mirbeau est, en effet, l'un des plus véritables écrivains d'aujourd'hui : s'il écrit ce n'est pas pour faire de l'art, pour jongler avec des mots, pour dessiner des arabesques avec de belles syllabes, mais pour répandre des idées, pour *être utile*. Or en agissant ainsi il est artiste, car en agissant ainsi : *il s'exprime*. Les maitres de la Renaissance, s'installaient devant un mur, broyaient leurs couleurs et se mettaient à peindre ; dans une pauvre cellule de moine comme dans une salle somptueuse d'un palais, n'importe où, ils traduisaient ce qu'ils sentaient ; de même, sur n'importe quel mur Octave Mirbeau écrit. Mais que ce soit dans le journal, au théâtre ou dans le roman, il n'a jamais tracé une ligne inutile, chaque fois il s'est exprimé.

Et pourquoi lui trouve-t-on un accent si véridique, une voix si expressive ? Tout simplement parce que ce n'est pas un littérateur, mais un écrivain, pas un professionnel de la plume écrivant pour écrire, mais une âme ardente qui écrit pour dire quelque chose. Tout simplement parce que Mirbeau est un homme ; qualités et défauts, vices et vertus il se jette tout vivant, tout entier dans ses livres. Le monde l'impressionne avec violence, forme en lui des aversions et des sympathies ; il se met devant sa table, et crie sur son papier. Jamais il n'a énoncé une phrase pour le seul plaisir de l'écouter sonner, mais toujours pour établir une opinion, pour affirmer ou pour combattre. Voilà un caractère. Il nous console enfin des dilettantes, des amateurs, des petits crevés littéraires qui nous débordent et nous assomment.

A lire Mirbeau, on se dit : « Alors quand on tient une plume, ce n'est donc pas défendu d'être passionné, d'aimer et de souffrir ? Toute la génération qui nous a précédés s'est donc trompée, cette génération qui pensait que la suprême élégance humaine est uniquement d'écrire le moins mal possible de très mauvais vers sans âme ? Ce n'était donc point par suite d'un raisonnement faux, c'était seulement par impuissance que les Gustave Kahn, les Ch. H. Hirsch, les Robert de Souza nous ont donné tant de poésies déplorables ? Le rôle du poète et de l'écrivain n'est donc pas celui-là ? Nous avons donc mieux à faire ? »

*
* *

Octave Mirbeau est un passionné, une de ces natures de combat redoutées parce que leur conviction possède la même force qu'un être animé : elle respire, elle se nourrit, elle grandit, elle est douée d'un instinct de conservation et lutte pour sa vie. Un passionné comme Zola. Un passionné comme Anatole France qui, sous son aspect moins farouche, est d'une âme aussi brûlante.

Il est un des maîtres de ce bon groupe de philosophes et de publicistes qui, comparables aux encyclopédistes du siècle dernier, préparent sans arrêt la prochaine Révolution. Avec les Descaves, les Geffroy, les Lemonnier, avec Emile Zola, Anatole France, Octave Mirbeau, nous possédons une belle légion d'écrivains qui ont foi en leur mission, qui se considèrent comme investis d'une haute fonction, qui croient à leur autorité morale et sociale, qui, enfin, de même que Denis Diderot, Voltaire, Jean-Jacques Rousseau, n'écrivent pas pour l'Art, mais pour la Vie, pour la vie meilleure et plus belle. C'est ainsi qu'Octave Mirbeau qui semble immoral aux esprits superficiels est moral au contraire comme un apôtre. C'est un évangéliste, seulement c'est un évangéliste de la Sociale et cela leur fait peur. Voilà le saint Mathieu de la religion dont Zola est le saint Jean, France le saint Marc et Jaurès le saint Luc.

— Révolutionnaire, c'est-à-dire excellent cœur, optimiste. Pour être révolutionnaire en effet, il faut aimer le mieux et croire à la possibilité de sa réalisation. Aimer le mieux, c'est détester le pire, donc être bon ; croire qu'il peut être réalisé, c'est imaginer que les hommes sont susceptibles de perfectionnement, donc qu'ils ont un germe de bonté, donc les aimer. Ainsi nous le voyons, être révolutionnaire, c'est être bon et aimant. Ce que Mirbeau se trouve être, en effet.

Ce bon homme, constamment révolté par la méchanceté, la laideur et la sottise humaine, veut beaucoup abattre et beaucoup détruire. Tout ce qui est laid, sot et mauvais est ennemi de Mirbeau. Il a beaucoup à faire. Désirant moins de méchanceté, autrement dit une société meilleure, il compose des ouvrages contre le catholicisme, contre le militarisme, contre les patrons (*l'Abbé Jules*, *le Jardin des Supplices* — livre antimilitaire, Clara étant la figure de cet instinct sanguinaire qui pousse aux guerres, nécessite les armées — *les Mauvais Bergers*), il prend nettement parti dans l'affaire Dreyfus ; désirant moins de laideur, autrement dit plus d'art et moins de faux artistes, il écrit des pages mémorables sur les peintres de l'âme, ses conversations avec Kariste, le dîner de Charrigaud, tant d'articles, un des premiers il exalte Rodin, il s'enthousiasme pour Maeterlinck ; comme la sottise, l'absurdité de l'ignorance le crispe, il voudrait pour la dissiper une Presse véritablement éducatrice, moralisatrice, instructive « une institution dans le but supérieur d'organiser les sensibilités, de solidifier les intelligences, de faire une âme aux citoyens » comme le disait l'autre jour notre Maurice Le Blond; il applaudit, j'en suis sûr, à ce discours de Guillaume Singer, le directeur du *Niew Wiener Tageblatt* qui, en prenant la présidence du Congrès de la Presse prononçait : « Tâcher de relever notre profession à la hauteur d'une fonction publique entourée par la confiance de tous, marcher résolument avec tout progrès, démocratiser les grandes idées du siècle, dissiper et adoucir les malentendus et les polémiques, donner une âme noble à notre besogne, voilà l'idée de notre œuvre. »

*
* *

Assez généralement on fait d'Octave Mirbeau un pessimiste. Sans paradoxe il est plutôt optimiste. Il fouaille avec violence les bassesses et les ignominies sociales, il nous montre sans relâche des hommes repoussants, une société impitoyable ; mais la peine même qu'il s'impose pour dérouler devant nos yeux toutes ces horreurs prouve parfaitement qu'il croit possible leur disparition, guérissables ces maladies de l'âme humaine, susceptible de perfectionnement cette affreuse société. Il ne nous épargne pas, il nous traîne dans notre fange ; mais c'est qu'il pense que ce n'est qu'en remuant bien la boue qu'on fait sortir sa mauvaise odeur. Il chauffe au rouge son fer, il nous brûle la peau ; mais c'est qu'il croit que plus le fer est chaud, mieux il cautérise la plaie. Mirbeau le satirique exagère, grossit, pas trop, juste assez pour que la satire morde bien, pour que la morsure nous effraie.

Que d'amertumes et de tristesses dans ce *Journal d'une Femme de Chambre ;* tous ces pantins petits, mesquins, sadiques et lâches sont ignobles. Mais justement en nous faisant horreur, ils nous corrigent. Si nous avons un peu de bonté nous comprenons la leçon, et quand nous les rencontrerons dans la vie, nous haïrons les Lanlaire et les Fardin comme nous les haïssons dans le livre.

Ces pages de brutalité, de violence, et de terreur, *le Jardin des Supplices*, *le Journal d'une Femme de Chambre*, sont des œuvres de pitié et de tendresse. Le créateur de Célestine est un faux pessimiste, un esprit porté à concevoir le mieux. Cet Alceste est bon et généreux ; son humeur sort de l'optimisme d'un homme qui rêve la vie plus belle, plus pure, plus noble, mais qui, clairvoyant, voit que la vie est en réalité moins belle, moins pure et moins noble qu'il ne la rêve ; et qui est entêté : il ne se contente pas de ce moins, il n'en veut pas, il en est furieux, il tient à son rêve, il se fâche, et dans sa fureur, pour se venger d'avoir été déçu, il dépeint la réalité encore plus noire qu'elle n'est.

Il est plein de tendresse et de pitié pour ceux que cette vie traîne, déchire, écrase, pour les victimes; plein de ressentiment contre tous les méchants victorieux. Or, sa pitié est vengeresse, ce n'est point celle de Dostoiewsky comprenant l'universelle fatalité, pardonnant à ceux dont les vices font saigner les autres, aimant ceux qui font saigner autant que ceux qui saignent. Mirbeau, lui, hait les premiers, il veut venger d'eux les seconds.

Comme les êtres élémentaires qui croient à une justice extérieure et visible, il a dans le cœur une balance, un besoin de compensations tangibles, celùi qui a fait souffrir il voudrait qu'on le fit souffrir aussi : cela remonterait le plateau baissé de sa balance. Il doit trouver très juste la loi du talion. Au fond c'est un sauvage, Mirbeau, mais c'est un bon sauvage.

Je crois, pour moi, que la compensation se rencontre toujours et sans que nous nous en mêlions. Quelquefois celui qui souffre met son bonheur dans sa souffrance, il est moins malheureux souvent que celui qui le fait souffrir.

*
* *

J'aime Octave Mirbeau, j'aime cet homme blessé, douloureux, amer. Une grande tristesse s'élève de son œuvre; cette tristesse, lui-même l'éprouve : il déteste toutes ces horreurs et tous ces vices qu'il nous dévoile. Sa brutalité est donc bonne. C'est par haine de l'ignominie, de la saleté, de la bassesse qu'il veut détruire. Mais après avoir abattu, il faudrait qu'il reconstruise. Or il n'est pas bien difficile de deviner ce que Mirbeau construirait. A ce qu'il n'aime pas, on peut sentir ce qu'il chérit. La société qu'il médite, c'est une société d'amour, de bonté et de paix. Il nous fait haïr notre cité afin de nous en faire désirer une autre : il espère que le dégoût nous conduira à édifier en nous-même une cité idéale pareille à celle bâtie dans son cœur.

« Il a été conduit à la férocité la plus sauvage par l'optimisme le plus tendre. Tout son malheur et tout son crime est d'avoir une âme élyséenne faite pour l'âge d'or », tout ainsi que ce compagnon anarchiste dont nous entretenait un jour Anatole France.

EUGÈNE MONTFORT

QUATRE SONNETS

—x—

CHANT

A Terpsychore

Que la sombre danse
Aux crix éclatants
Plie à sa cadence
Mon corps qui l'attend !

Ah ! qu'elle s'élance
Sur ses pieds mouvants,
Parmi la distance,
L'éther, et le temps !

Que ton rythme, ô terre
Sans cesse accélère
Tous mes tourbillons !

O groupes des mondes !
Que parmi vos rondes,
Volent mes talons !

LE MYSTÈRE TRAGIQUE

A UN HÉROS

J'ai fait fuir loin de moi les étoiles fumantes
Dont l'obscure influence expliquait mon destin,
J'ai mis sur toi, héros ! dont le cœur se lamente
Le poids des astres noirs que le tonnerre teint.

La mort, qui de mon être, hélas, était l'amante
A suivi tout à coup ton hasard incertain,
Et puis elle a mêlé dans une ombre écumante
Les nuages, l'azur, la lune et le matin !

Entrechoquant des blocs d'aurore et de ténèbres
Moi-même, j'ai construit ce monde horrible aux dieux
Où ta vie accomplit ses mystères funèbres !

Et dans ces horizons de flamme et de tempête,
Sur lesquels s'épaissit, le cercle amer des cieux,
Vois, à présent, héros, se hérisser ta tête !

LE SCULPTEUR

O sculpteur, hors du bloc amassé grain à grain,
Tire la belle nymphe et fait briller sa face
Change la pierre en dieu farouche et souverain,
Délivre le héros du roc qui le terrasse.

Elève l'homme informe au sommet de sa race
Environne son corps d'un vêtement d'airain,
Rends le fort, qu'il s'élance en ébranlant l'espace
Comme un ange qui sort de l'enfer souterrain.

La pierre sur lui pèse et le tient comme esclave.
Soulevant lourdement le marbre et le limon
Il tente de broyer ses obscures entraves.

Car antique géant qui, sous la terre souffle,
Il veut fendre et crever le volcan ou le mont,
Et tout meurtri retombe en pleurant dans le gouffre !

PAYSAGE LUNAIRE

Ayant poli de ses lueurs le roc tonnant,
La lune a fait ployer les vaporeux feuillages,
Dont l'éclat découpé resplendit sous l'orage.
Et tout son feu sur eux croule en les couronnant !

Un bois mystérieux charge d'ombre le flanc.
En courroux, la tempête appesantit sa rage.
Sur les cîmes des arbres verts du paysage,
Le ciel souffre obscurci du lever au ponant.

Comme un fleuve d'éclairs se répand dans les airs,
Les astres orageux coulent en feux horribles,
Dont l'ardeur alimente et fait fumer l'éther.

Et tandis qu'agitant les ténèbres terribles
Les constellations circulent dans la nuit,
La terre qui blanchit tourbillonne et bondit.

SAINT-GEORGES DE BOUHÉLIER.

LES ACTES ET LES GESTES (1)

Quel livre admirable, il y aurait à écrire sur la vie des philosophes ? Quel beau roman d'aventures cérébrales ! Quoi de plus tragique et de plus mystérieux, en effet, que l'existence interne d'un Tolstoï, d'un John Ruskin, d'un Kropotkine ? Partout ailleurs, les saisons succèdent aux saisons. Les bonnes gens jasent ou médisent. Le matin naît. Derrière des stores qui lentement se lèvent, des ménagères sourient à l'aurore. Des grelots s'éveillent dans le lointain. Les attelages commencent à rouler. C'était hier, ce sera demain. Les oiseaux s'envolent et les fleurs tombent. Madame Bovary médite des projets d'adultère... Coupeau s'attarde au cabaret. La nuit tombe. On crie les journaux du soir. Tiens ! on allume les reverbères... La vie est un superbe mécanisme. Tout y est identique et perpétuel. Seuls, parmi des multitudes d'êtres humains, deux ou trois génies ne subissent pas ces lois. Rejetés en dehors de l'humanité, ils gravitent selon eux-mêmes Ah ! qui dira les lois de ces désorbités.

Frédéric Nietzsche fut un de ces hommes là, et sa mort, dans les circonstances où elle se produit, prend un caractère pathétique et terrible. Le plus grand philosophe de l'Allemagne contemporaine était fou

(1) Sous ce titre, Maurice Le Blond écrira désormais une chronique mensuelle, dans laquelle il tirera la conclusion des faits les plus saillants de l'actualité.

depuis onze ans. Il était le dernier descendant de cette puissante dynastie de métaphysiens, Emmanuel Kant, Hégel, Fichte, Schelling, Schopenhaüer archétypes géants, en qui se sont condensées les différentes et successives aspirations de la race germanique. Lui-même avait poussé jusqu'à ses ultimes limites l'exercice de la raison humaine. On ne peut aller plus loin que Nietzsche dans la révolte de la raison. Théoricien d'un individualisme outrancier et farouche, il ne distinguait dans l'homme qu'un but, la volonté de sa dilatation, l'ambition d'une vitalité toujours plus ardente et plus vigoureuse. La morale établie, les religions survivantes, le pouvoir de l'état, n'étaient selon lui que des entraves, des instruments de compression, coupables de maintenir dans l'esclavage, dans un état inférieur, presque animal, l'humanité résignée, servile et pétrifiée. Dans son esprit, la tribu des hommes ne peut être affranchie que par l'action individuelle, que par ce qu'il appelait *la volonté agissante*, que par la mise en jeu de toutes nos facultés créatives et actives, que par la tension formidable et constante de l'être vers toute la perfection dont nous sommes susceptibles.

Tout ce qui vit en nous, tout ce qui vibre et ce qui pense, doit tendre vers le superhomme, qui est à l'homme ordinaire ce que celui-ci est à l'animal. Le superhomme a-t-on dit, serait une planète qui deviendrait soleil. Et le poète de Zarathustra a voulu devenir ce soleil. Comme le Prométhée des vieilles fables pélasgiques, il a tenté d'escalader des cimes inaccessibles. Dans des régions translucides et vierges, encore il planait, quand le vertige le terrassa. La folie fut le rocher de supplice, où tomba ce titan des temps modernes. Le cerveau dévoré par la démence, l'esprit frappé de cécité et de stupeur, il devait rester ainsi pendant plus de dix années, épouvanté, hagard au milieu des ténèbres de sa raison engloutie.

Les lèvres qui avaient prononcé les paraboles splendides et visionnaires de Zarathustra, ne proférèrent plus que des balbutiements. Prostré, le visage éteint, « je suis idiot, je suis idiot! » mumurait-il avec une persistance enfantine et navrante. Sa sœur qui l'avait recueillie, soigna avec un dévouement rare cette loque pitoyable qui n'avait même plus conscience de son existence. Telle fut la longue agonie de ce grand philosophe, qui meurt comme un héros d'Eschyle, d'Ibsen ou de Strindberg, superbe demi-dieu frappé dans son orgueil, cadavre insensible et vivant que dorlotèrent interminablement les mains charitables et caressantes d'une vieille fille allemande.

Cependant que Frédéric Nietzsche, immobile et foudroyé, se survivait ainsi, sa pensée chaque jour plus conquérante travaillait les consciences européennes et recrutait des partisans. *Le Cas Wagner*, *Humain trop humain; la Généalogie de la Morale. Ainsi parlait Zarathustra* se publiaient dans toutes les langues. L'élite continentale, déjà séduite et ravie par les théories aristocratiques d'Ernest Renan, ne devait pas manquer de prendre goût à ce que Nietzsche appelait « La Morale des Maîtres » (1), c'est-à-dire, l'asservissement de l'humanité ancienne à une humanité nouvelle, douée de vertus supérieures, enrichie de sens nouveaux.

On peut donc dire que Nietzsche fut le suprême théoricien de l'individualisme, de ce qu'on appela plus particulièrement chez nous le Culte du Moi. Bien que sa pensée ne soit guère connue en France que depuis deux ans, grâce à l'admirable étude de M. Lichtenberger et par les traductions entreprises par MM. Henri Albert et Desrousseaux, il est certain que

---

(1) Si nous avions l'intention ici de tracer complètement la physionomie intellectuelle de Nietzsche, nous ferions remarquer qu'il fut le théoricien du « Droit du plus fort. » On sent qu'il appartient à une nation jeune et triomphante, tout enivrée encore de ses victoires. Il est le vrai philosophe d'un bismarckien, qui a donné aux rêves dominateurs et impérialistes d'un de Molkte ou d'un Frédéric-Charles leur expression métaphysique.

celle-ci y avait pénétré auparavant par l'intermédiaire du dramaturge scandinave, Henrik Ibsen. Tous les héros ibséniens semblent nourris de la pensée de Nietzsche, c'est son esprit qu'ils interprètent et qu'ils représentent. Ces individualistes farouches, ces révoltés intellectuels qui sacrifient tous les liens — famille, société, amour — pour devenir des volontés agissantes tous ces Martyrs du Moi, paraissent avoir appris de Zarathustra lui-même leur éloquence et leur maintien. Ce furent donc, en vérité, les représentations du Théâtre de l'*Œuvre* qui commencèrent l'initiation de la jeunesse française à la pensée Nietzschéenne.

Chez ces jeunes hommes ornés et pétulants, de telles semences allaient trouver un détestable terrain de culture. Ibsen et Nietzsche, mal compris, devaient donner naissance à l'anarchie intellectuelle, au dilettantisme de la Révolte. Les jeunes Rastignac du moment trouvèrent à leur ambition une excuse philosophique. « L'essence même du vouloir vivre, c'est vouloir dominer. » Cette maxime tourna la tête aux « Hommes Libres » aux « Inimitables » de nos boulevards. *Penses-tu réussir ?* fut la devise de l'un d'eux. Enfin d'étranges eunuques préconisèrent un beau matin l'imitation de Napoléon. Ce fut médiocre et ridicule.

Et c'est ainsi que Nietzsche, dont la morale est une morale d'énergie, n'a guère provoqué ici, jusqu'à ce jour, que des attitudes paradaxoles, et les plus sottes postures. Mais, que les destinées d'une idée sont étranges, et que sont surprenantes les métamorphoses d'une pensée philosophique. Le théoricien du surhomme, aurait-il jamais pu prévoir qu'il deviendrait en France, le grand maître de l'arrivisme, le chef de file des impuissants !

* * *

La sensualité intellectuelle dont est possédée l'élite de la jeunesse française constitue d'ailleurs l'un des plus graves périls qui menacent notre intelligence nationale. Avide de voluptés cérébrales, esclave de ses nerfs, cette élite erre sans cesse, d'un pôle à l'autre de la pensée. Toutes les formules la sollicitent. Elle y court tour à tour ainsi qu'aux fruits d'un brillant verger. Et quand elle a en puisé tout le suc, elle se précipite vers un autre arbre, afin de connaître encore de nouvelles saveurs.

Aujourd'hui, nous voyons nombre de jeunes esprits et non des moindres sourire aux théories monarchiques de M. Charles Maurras.

On conçoit que des idéalistes, des politiciens romantiques puissent trouver séduisante une utopie constitutionnelle. Mais que des esprits scientifiques s'illusionnent jusqu'à croire possible une restauration orléaniste, voilà qui me paraît singulier.

Je n'ignore pas que les théories égalitaires sont fort pénibles, pour la vanité des hommes supérieurs. Mais s'ils souffrent dans une société démocratique, c'est que, la plupart du temps, ils n'ont pas eu conscience de leur mission.

Le rôle de nos intellectuels et de nos artistes consiste précisément à entreprendre l'éducation supérieure du peuple, à organiser la démocratie par tous les moyens dont ils disposent, par le théâtre, par la presse, par la parole, à faire de l'histoire un poème perpétuel, et de la vie une épopée permanente. Répandre de tous côtés l'intelligence et multiplier la beauté, c'est l'œuvre qu'a déjà entreprise un petit groupe d'énergies. Communiquer aux masses nos frissons, et réveiller en elle les grands sentiments moraux, c'est encore le meilleur moyen de ne pas souffrir de leur contact.

Je comprends que la république actuelle, avec son personnel médiocre, avec son manque d'idéal, répugne à des âmes bien faites, mais il s'agit moins de formuler des plans de constitutions inédites que de changer les mœurs en s'efforçant à la parure des hommes.

Les jeunes français qui chaque mois organisent des Universités Populaires, ou ceux qui récemment encore instituaient des fêtes en l'honneur de Diderot, de

Comte et de Voltaire théorisent moins, mais ils agissent. Leur effort est autrement magnifique et nécessaire.

Et, puisque nous parlons de Fêtes civiques et d'Education Populaire! pourquoi ne louerions-nous pas M. Claretie des admirables spectacles qu'il nous a donnés cet automne. La matinée consacrée aux poètes de la Révolution et la cérémonie du couronnement d'Hugo, demeureront des fêtes inoubliables. Qu'il continue dans ce sens et il aura compris le véritable rôle de la Comédie Française. Mais, si j'ai un vœu à émettre, c'est au Panthéon même que je voudrais voir célébrer, à dates périodiques, des rites si grandioses, de pareilles glorifications de l'héroïsme et du génie. Le peuple convié y viendrait comme au véritable culte de l'Humanité. Vibrant d'émotion il en sortirait avec une conscience plus vive et plus haute de soi-même. Car avant de créer le Superhomme, n'est-il pas plus logique et plus sage de façonner des hommes, tout simplement.

MAURICE LE BLOND

REVUE DES REVUES

Mercure de France (Septembre). — Dans une étude sur *le Roman Expérimental*, au sujet de laquelle il y aura certainement à revenir, M. L. R. Richard écrit cette phrase : « La seule émotion qu'ait provoquée l'œuvre d'Emile Zola est l'étonnement, à cause de sa hardiesse à narrer la vie en toute sa réalité individuelle et sociale. » Pour paraître définitive, cette phrase n'est qu'une opinion. Et ce n'est pas à cause de l'étonnement d'une classe d'individus qu'on a le droit de conclure à la généralisation de ce sentiment. L'œuvre d'Emile Zola n'a point encore eu toute son influence, et nous pensons qu'elle est de stature à produire plus que le transfert d'un bagne, le scandale des bourgeois, ou quelque procès profitable à l'auteur et à l'éditeur.

La Revue Blanche publie des pages de Léon Tolstoï sur *l'Education religieuse* vraiment remarquables. Dans le même numéro (15 septembre), commence *l'Histoire de Sindbad le Marin* extraite de la traduction si intéressante de M. Mardrus.

Lire dans *la Revue et Revue des Revues* une lettre extraite du *Testament d'un Poète*, ouvrage que M. Sully Prudhomme publiera vers la fin de cette année. Dans cette épitre, écrite en une langue académique et trop irréprochable, peut-être, on trouve l'énoncé de divers principes qui régirent, quelque temps, la poésie française : « Comment « être à la fois sincèrement ému et attentif aux moyens « d'exprimer l'émotion? Ne semble-t-il pas monstrueux « que la préoccupation de versifier accompagne un chagrin « véritable? » Nous nous sommes posé ces questions bien souvent aussi. Heureusement, nous n'avons point conclu, comme M. Sully-Prudhomme, qu'il fallait sacrifier l'émotion au choix d'une rime. — Dans cette même revue, lire encore un très intéressant article du Dr La Touche-Tréville sur *la Découverte d'un cinquième évangile*.

La Plume du 1er septembre publie des vers d'Emile Verhaeren, *l'Etalon* et *les Alouettes*, un bon article de

M. Hugues Rebell sur *la Vie amoureuse de Balzac*, et quatre reproductions d'œuvres de Delacroix, Chassériau et Manet.

Le Beffroi consacre un numéro entier au poète Albert Samain qui vient de mourir; sur ce sujet des articles d'Achille Segard, Léon Bocquet, Edmond Blanguernon, A. M. Gossez, etc... et trois poèmes inédits de l'auteur de *Au Jardin de l'Infante*.

Dans *le Sagittaire*, des vers signés Albert Mérat, dont ceux-ci que je détache comme de pures perles :

> La grande Roue, hélas ! existe, terminée !
> J'écris ces vers devant la grande cheminée,
> Près de la Tour Eiffel, érigeant sans raison
> Ses mètres dont trois cents offensent l'horizon (!!!)
> A quand le grand crachoir et le grand parapluie.

et cela continue ainsi quelque temps. — Plus loin, M. Ernest Raynaud prétend :

> Tantôt je porte en moi l'âme de la cigale,
> Tantôt de la fourmi appliquée au labeur...

enfin une étude d'Esnest Delahaye sur Arthur Rimbaud.

La Lutte de juillet nous apprend que M. Georges Ramaekers entre au « Scandale » sous prétexte que la grâce de Dieu l'a touché. Suivant l'exemple que leur a donné M. Huysmans, dont Eugène Montfort analysait fort agréablement le cas naguère, les catholiques éprouvent donc le constant besoin d'ériger leur foi en réclame. Nous ne professons ici, pour cette secte, qu'une sympathie bien relative ; néanmoins nous ne saurions trop recommander à ces soi-disant disciples de Jésus de méditer sur certaine parabole du Pharisien et du Publicain; elle leur convient en bien des points. Puisqu'ils désirent qu'on les prenne au sérieux, qu'ils respectent au moins les apparences. — En ce même numéro, des vers, dont ceux de M. Léon Legavre, une symphonie de Pierrots qui m'enchante par maints souvenirs personnels, et un sonnet d'Emile Verhaeren.

Dans *la Vogue* du 15 septembre, *Province d'hiver* par M. Francis Jammes, quelques lignes de fantaisie de Franc-Nohain.

Dans *la Grande France*, M. Marius-Ary Leblond donne une petite étude sur Charles Maurras.

BIBLIOGRAPHIE

ELISABETH DE BAVIÈRE, IMPÉRATRICE D'AUTRICHE, par Constantin Christomanos. (Mercure de France, éditeur.)

Le professeur de grec de l'impératrice Elisabeth était un jeune homme sensible et cultivé ; il a été impressionné profondément par la beauté d'une âme rare ; les jours qu'il passa avec elle sont demeurés dans sa mémoire comme les plus beaux de sa vie, il est inconsolable qu'ils soient écoulés à jamais: pour les prolonger en lui-même, il a écrit ce qu'ils avaient marqué dans son souvenir, et il a fait ainsi un livre précieux.

Tels propos de l'impératrice découvre un être tout à fait merveilleux ; sa vie intérieure est ardente et incessante ; les plus petits évènements de tous les jours s'y répercutent, s'y agrandissent et s'y colorent comme une voix de parisienne dans une grotte d'Océan. *Impératrice de l'âme,* l'appelle Constantin Christomanos. C'est une figure élevée, plus qu'humaine qui restera dans notre imagination à côté des plus pures images féminines créées par les poètes.

M. Syveton a traduit ce livre avec délicatesse. Barrès a écrit pour lui une Préface dont certaines pages subsisteront parmi ses meilleures. Il est assez curieux de voir cet esprit se partager entre la métaphysique où il excelle, et les petits soucis quotidiens de la politique. Certainement il y perd. Mais n'a-t-il pas écrit naguère :

« *Combien il doit être vif, le frisson de ces aventureux qui, tout en s'accommodant de leur milieu ordinaire, goûtent et réalisent les voluptés de deux ou trois vies morales différentes et contradictoires ! C'est peu vivre de ne faire qu'un personnage.* »

O Maurice Barrès, quelle erreur !

E. M.

*
* *

RÊVE DE GLOIRE, par Henry de Braisne (Motteroz, éditeur). — M. Henry de Braisne vient de publier *Rêve de Gloire*, recueil de poèmes éclairés de visions héroïques et de frémissements d'épopée. Différentes, presque toujours, d'inspiration, il n'est point aisé de juger dans leur ensemble ces nouvelles poésies de l'auteur de *Parmi le Fer.*

M. Henry de Braisne qui est un bon poète est aussi un curieux de littérature, un épris d'art. Personne ne connaît mieux que lui les œuvres et les hommes. Maintes formules l'ont séduit tour à tour. Voilà pourquoi on retrouve dans ses poèmes tous les soucis d'impressionisme, de réalisme, et de parnassisme qui ont retenu depuis quelques années, tant de sensibilités contemporaines. De là quelque chose de troublant qui transparait dans son œuvre poétique.

Si j'avais un reproche à formuler contre M. de Braisne, je lui ferais un grief du soin excessif qu'il prend de rimer richement. Les répétitions de certaines syllabes identiques de sonorités mais de sens contradictoires, occasionnent des recherches et un travail, qui nuit au développement de l'idée générale, à l'essor harmonieux de l'émotion première.

Ce que je préfère donc, dans ce recueil, c'est bien moins l'*Ode à Balzac*, d'un beau souffle pourtant, mais surchargé de réminiscences bibliographiques, c'est bien moins cette Ode que la *Chanson du Tisserand* mélodique et limpide toute imprégnée de grâce et de fraîcheur.

M. L.

*
* *

CONTES CHOISIS de Mark Twain, traduit par Gabriel de Lautrec (éditeur *Mercure de France*). — M. de Lautrec a eu l'idée de réunir les meilleurs contes de Mark Twain et d'en faire une traduction. La traduction est bonne et elle est précédée d'un essai sur l'humour, également bon.

J'avoue n'avoir pas un goût excessif pour l'humour anglo-saxonne qui énerve l'esprit ; je préfère le sourire français plus naturel et léger. Mais les récits de Twain sont parmi les meilleurs des Américains, et leur absurdité recherchée peut plaire entre deux verres de *ginger ale*. A lire au bar.

E. M.

LE CRIME D'OBÉIR, par Han Ryner (Bibliothèque de la Plume).

M. Han Ryner s'est déjà fait connaître, par un pamphlet, le *Massacre des Amazones*, qui fit scandale dans certains milieux. Ces qualités de pamphlétaire se retrouvent dans son dernier livre. Toute la partie à clef de ce roman est ma foi fort amusante et traitée aveo verve. Plusieurs silhouettes de personnages très transparentes, y apparaissent croquées d'une main alerte et ironique. Malheureusement la partie intime et sentimentale du même livre manque trop souvent d'émotion et de force. Mais si M. Han Ryner n'est pas encore un romancier, on peut conclure que c'est un tempérament. M. L.

FAÇONS D'EXPRIMER, de Jean Dolent, réunies par Hélo.— Une femme a pris dans les livres de Jean Dolent des idées et des pensées personnelles finement exprimées. Elle a fait ainsi un petit livre charmant où il est dit sur l'Art, sur la Femme, sur la Vie beaucoup de vérités et quelques paradoxes bien jolis. Le talent se perd beaucoup. Jean Dolent le conserve. Il dit tout sans appuyer sur rien. Il nous laisse le plaisir exquis et délicat de le saisir et de le deviner.

NOTRE MAITRE MAURICE BARRÈS, par René Jacquet (Per Lamm, éditeur). — Une biographie de Barrès utile et bien faite. Mais pas assez de critique, ce qui rend la lecture un peu fade.

PSYCHOLOGIE DE PAUL ADAM. — Dans l'*Effort* (de Paris), un essai de G. Binet-Valmer sur Paul Adam. C'est le premier d'une série *d'Essais de psychologie contemporaine*; il est précédé d'une préface dans laquelle on lit des choses bien singulières. Par exemple, M. Binet-Valmer se suppose le successeur de Bourget en critique, et les noms de Flaubert, de Renan, de Taine, objets des analyses de l'auteur de *Cosmopolis*, il les remplace par ceux d'Estaunié, de Curel, Jean Lorrain, etc., qu'il se propose, lui, d'analyser. Suit une apologie de Paul Adam aussi excessive qu'un article de lui-même, et cette conclusion : *Savoir P. Adam, c'est nous savoir*; *il est dans le miroir de ses livres, notre reflet*. Cette conclusion, je la repousse énergiquement pour les raisons que j'ai déjà données dans le troisième numéro de cette revue-ci. E. M.

ÉCHOS

LA FÊTE DES MUSES. — Gustave Charpentier, qui prend de plus en plus la stature de quelque magnifique Zola de la Musique Française, vient de voir rejeté, par les administrateurs de l'Exposition, son projet de couronnement des Muses du Peuple. Pour comprendre l'importance et la signification d'une telle fête, il n'est point inutile de rappeler les termes dans lesquels Charpentier lui-même exposait son projet au cours d'une conversation avec un rédacteur du *Matin* :

« Ce que j'ai proposé, c'est une fête des Muses, mais « une fête populaire, dans le vrai sens du mot.

« Partout où j'ai organisé des fêtes de Muses, aussi bien « en province qu'à Paris, partout j'ai vu le sentiment de « la foule se révéler puissamment artistique, puissamment curieux.

« Une fièvre s'étend de la Muse élue à ses compagnes, « à sa famille, aux amis, à la population tout entière d'une « ville ; une impression profonde en reste gravée dans les « cœurs, salutaire et féconde. Une Muse, c'est la personnification du peuple, c'est la glorification du Travail, par « ses propres ouvriers, dans tout ce qu'il a d'humain, « d'aimable, de souriant, d'idéal : c'est l'idée qui permet « aux humbles de sentir la noblesse du labeur quotidien. »

. . . .

La fête comprendra :

« Les cortèges à travers Paris, à travers l'Exposition, et « un couronnement de la Muse, vraisemblablement dans « la salle des Fêtes. Des cortèges, des chars, des groupes « humoristiques, de la force et de la farce : Montmartre, « avec le char de Mimi Pinson à sa fenêtre ; les géants « légendaires des villes du Nord, Lydéric, Phinaert, « Martin et Martine, frôlant les mineurs, modernes « gnomes ; les chars symboliques de toutes les provinces, « Lille et ses chefs-d'œuvre de laine peignée et filée ; Saint-« Etienne et ses hauts fourneaux ; des « sédia », miracles

« de lin et de soie ; un bateau de pêche porteur de « pêcheuses boulonnaises ; les étendards et oriflammes « des corporations niortaises et mancelles ; vielleux et « binious ; Aix et sa cour d'amour, ses cigales, ses félibres, « ses tambourinaires ; Bordeaux, Alger, avec leurs mœurs « si vivantes, si particulières ! Paris, le char de Paris, un « atelier de couturières, entouré par les étudiants et « l'Ecole des Beaux-Arts ; Paris, avec ses Sociétés ouvrières, « musicales, pittoresques ; des ouvriers de toutes les « corporations escortant l'Elue des ouvrières parisiennes ; « Paris avec sa vie des rues : marchands des quatre sai- « sons criant leurs denrées, flûtes des chevriers, trompettes « des marchands de robinets, cornets des rempailleurs de « chaises, chanteurs des cours, orgues de Barbarie, « orphéons, harmonies, tambours et fanfares, crieurs « publics chantant les Muses aux carrefours, cors de « chasse, fifres. clowns excentriques : du bruit, du bruit, « tout un fleuve sonore qui roulerait à travers Paris !... »

Malgré l'incurie administrative, la médiocrité de la gent officielle, cette fête aura lieu tôt ou tard. Bien plus, nous sommes persuadés qu'un temps viendra où le Triomphe des Muses Ouvrières sera une institution populaire et nationale. On le célébrera à des dates périodiques et annuelles.

*
* *

LE SÉMINAIRE A LA CASERNE. — Dans *le Sillon*, revue catholique, et que par conséquent on ne peut taxer d'exagération en ce qui concerne la morale des séminaires, voici ce qu'on lit, parmi une conférence au sujet des séminaristes soldats :

« ... Ce frottement journalier de camarades qui ne sont « pas tous des anges et dont on sent mieux les rugosités « qu'on les voudrait plus parfaits et qu'on l'est moins, n'a « pas été sans lui faire mal... »

« ... D'ailleurs, les officiers n'ont pas l'épiderme de la « sensibilité plus épais que les gens du monde, que les « pékins... »

« ... Après les officiers, les sous-officiers qui, eux, sont « en contact perpétuel avec les hommes... »

« ... Mes jeunes amis, apprenez que dès qu'on a passé le « seuil de la caserne, la nature vous gratifie d'un nouveau « jeu d'intestins... »

« ... Allons, mes amis, à l'astiquage, retroussez ces « manches de bourgeron et de chemise, mettez à nu ces « bras qui doivent être vigoureux désormais... »

« ... Offrez au bon Dieu vos petites sueurs... »

Tel est le langage de nos futurs prédicateurs. L'éloquence de la chaire n'est plus la même, on le voit, aussi bien comme élévation du style que de la pensée, que celle de Massillon ou de Bossuet.

***

UNE OPINION DE TAINE SUR LA MONARCHIE. — Tandis que MM. Charles Maurras, Paul Bourget, Henri Vaugeois, s'efforcent de reconstruire sur des principes scientifiques une théorie de la Monarchie, peut-être n'est-il pas inutile de rappeler cette opinion du grand philosophe dont se réclament si fortement ces divers écrivains.

Au cours d'une étude, où il commente certaines théories anti-démocratiques et royalistes de Balzac, Taine en effet a écrit : « Il est clair qu'avec la gendarmerie d'un côté et l'enfer de l'autre on peut beaucoup sur les hommes, et que des peuples exclus de l'égalité par les majorités, de la liberté par le despotisme, de la pensée par l'Eglise, seraient trop heureux d'être bien nourris et point trop battus. Des esprits mal faits vous répondraient peut être que, contre les vices des hommes, *vous cherchez refuge chez un homme, naturellement aussi vicieux que les autres, et encore gâté par la licence du pouvoir absolu.* Ils vous feraient remarquer que, si une presse et une chambre libres, sont le théâtre d'ambitions rivales et l'organe d'intérêts égoïstes, elles prêtent une voix à toutes les minorités contre toutes les oppressions, et que, dans les grands besoins, le sentiment public les rallie de force autour de la vérité et du droit. Ils vous montreraient que si l'homme est mauvais, ses vices peuvent mettre un frein à ses vices, et que l'orgueil en Angleterre, l'égoïsme bien entendu aux Etats-Unis, *maintiennent la paix et la prospérité publiques mieux que n'a jamais fait le despotisme d'une Eglise ou d'un roi.* Ils ajouteraient qu'un bon politique ne s'oppose pas à des penchants invincibles ; que l'esprit de vanité et de justice implante en France l'égalité des conditions et des partages ; que l'accroissement de la richesse, du loisir et de l'instruction y implantera la science et le souci des affaires publiques ; bref qu'on n'empêche pas le feu de brûler, que le plus sage parti est de modérer, de régler et d'utiliser la flamme. Ils concluraient que Balzac, en politique comme ailleurs a fait un roman. »

Voilà, je crois, des arguments nets et précis. S'il est juste d'écouter quelquefois *les morts qui parlent*, encore ne faut-il point les faire parler de travers.

*
* *

LA JEUNESSE LITTÉRAIRE POUR CAMILLE LEMONNIER. — Un groupe de littérateurs français prenait naguère l'initiative d'une protestation contre le procès de presse intenté à M. Eekhoud par la magistrature belge. A notre grand étonnement, M. Camille Lemonnier, dont le magnifique *Adam et Eve*, est égalcment poursuivi par le parquet de Bruges, n'avait pas été associé à cette manifestation. Une protestation nouvelle va donc avoir lieu en faveur de Camille Lemonnier, qui par son œuvre panthéïste et naturiste fait la gloire de la Belgique.

*
* *

LA REPRISE DU « RÊVE » a été un nouveau triomphe pour l'Ecole Française Moderne. Nous rendrons compte dans notre prochain numéro de cette splendide représentation qui place M. Alfred Bruneau au premier rang parmi les Maîtres de la Musique.

Signalons à ce propos la singulière critique de M. Henri Gauthier-Villars, qui a tort de se faire l'interprète officiel des basses rancunes des musiciens dindystes. Il y a six mois, M. Gauthiers-Villars publiait contre *Louise* une diatribe épileptique. Aujourd'hui, le critique de l'*Echo de Paris* louange l'œuvre de Charpentier qu'il n'hésite pas à opposer au *Rêve*. Il est évident que Willy règle ses opinions d'après le succès des œuvres, mais on regrettera d'autre part, qu'il soit si peu habile à pressentir ce succès.

*
* *

LA MORT de Louis Ratisbonne laisse vacante la place de Bibliothécaire du Sénat. Nous pensons que cette place revient de droit à Léon Dierx, le noble et grand poète des *Lèvres Closes*, la plus pure figure du Parnasse contemporain.

LOUIS COUSIN.

Le Gérant : Emile PIVOTEAU, Imprimeur, à Saint-Amand (Cher)

NOTES DE CARNET

Septembre.

Je suis venu ici, chez le peintre Claus, dans la maison de soleil, dans la jolie maison du bord de la Lys. Elle est près de la route ; elle semble loin de tous les chemins. Par la fenêtre aux petites vitres qui ouvre sur la pelouse, c'est toute la campagne qu'on aperçoit, les meules d'or et de rubis, les champs légers, cendreux, frémissants de hauts peupliers, ondulés de saules têtards, la glèbe rose, lilas, émeraudée de navets et de betteraves, la douce terre blonde des Flandres. A peine les belles filles, les gars roux se détachent sur la clarté unie, soyeuse de là plaine. Ils ont les tons violets du sillon et s'enveloppent de la belle lumière tendre, mouillée, hyaline, finement bruissante, micassée de petits cristaux. C'est la plus fraîche lumière du monde. Elle est distillée avec la moiteur de l'air, les eaux de la rivière, la sève verte affleurant du sol, l'humide ouest qui souffle en légers nuages comme des bulles diaprées de savon. Se peut-il qu'il existe des yeux assez noirs pour refléter en jus, en patines, en saumures, cette fluide et aérienne vision d'une terre toute miroitée d'arc-en-ciel !

Ah ! la joyeuse salle à manger entre les deux fenêtres, l'une, la petite, qui regarde travailler le bœuf et le paysan, l'autre, la grande glace d'une pièce derrière laquelle bleuit la rivière, s'effilent les peupliers, va l'errance du troupeau dans la prairie comme de grandes fleurs pourpres et violettes. Tous les paysages du maître se lèvent, toutes les heures de son grand poème d'amour, toutes les bénédictions de la Flandre. On voudrait doucement s'éteindre ici, oublier la vie dans la paix divine, dans le grand rêve éveillé des paysages.

Je ne fais rien, je n'écris que des notes rapides. Je me laisse vivre ; je ne suis plus l'homme que j'étais hier, que je redeviendrai demain, le vieil homme chargé de souvenirs, d'écritures, de passé, — l'homme qui fait des livres.

Non, pas de Wagner aujourd'hui, pas d'héroïsme, mais de tendres et subtiles musiques, l'âme doucement grise des maîtres d'ici, les airs de songe d'un Benoit, les petites chansons d'un Mesdagh. Grieg et Schumann aussi peut-être.

* * *

L'après-midi de septembre délicieusement s'achève sous un ciel qui n'a pas cessé d'être rose depuis le matin. L'air est haut, tendre, vaporeux et verse en moi une vie légère. Le jardin odore le miel, les flox, les essences doucement expirantes de la fin de l'été. Près du troëne, sous l'auvent, la ruche au dessin primordial, le cône blond et torsé ouvre ses entrées comme une bouche où des grappes d'abeilles mettent la mobilité continue d'un rire. C'est tout près le parc des grands dahlias, un tulipage de notes peintes, vives et composées. Je pense aux belles dames de Hollande, dans les toiles de Hals, de Miervelt, de Keyser, aux matrones laiteuses, charnues, d'une chair nacrée d'huitre, engoncées dans leurs hautes collerettes tuyautées. Et voici les hortensias en bouquets rose tendre, du rose délicat de l'espace au-dessus de moi ; voici le cœur jaune soufre, jaune cadmium des escholsias ; voici les tabacs en fleurs et l'anémone du Japon.

On s'entend mollement palpiter à travers la palpitation sensible de la terre. La terre bat en moi comme mon cœur. Mes fibres prolongent ses feuillages, ses frémissantes ramures. Il fait au fond de moi le silence énorme d'une mer. Je ne me pèse pas, j'ai perdu tout sentiment de la pondérabilité de la vie. Dans l'herbe vibre le sistre saccadé du grillon. Des vols d'étourneaux, parmi les roseaux du bord de la rivière, ont un sifflement lent, prolongé, très doux comme le vent et l'eau qui glisse. J'aspire délicieusement un suint musqué, l'évent froid du lait et de la bouse, l'odeur des grandes vaches rousses dans la prairie.

Et puis le soir tombe, une boule rouge croule du poids d'un monde dans un ciel de roses, d'améthystes pâles, aux petites nuées comme des flammes. Un vent léger coule comme un ruisseau. La vie est si profonde qu'on ne se sent plus vivre.

*
* *

...Une grappe de roses sur la cheminée, de grosses roses blondes d'une grâce diaphane, légère et grasse, lourdes comme un sein dans la main.

*
* *

Il ne faut pas danser devant l'arche, il ne faut pas faire la parade devant ses livres.

*
* *

L'étoile la plus lointaine retentit en moi comme moi-même je me sens nécessaire à son évolution dans l'espace.

Matin léger, vaporeux, lilas teinté rose. Des soies pâles flottent, ondulent, rasent la rivière toute verte de lentilles comme un long tapis. Devant moi, sur l'autre rive, par de là les roseaux et les polygonies aux pointes carminées, les grandes prairies dans des houles d'air limpide et fluide. Une cloche de paroisse coule ses ondes d'argent clair dans le frisson de l'heure. C'est doux, profond, lointain comme un songe. Le vent en oraison remue les petites feuilles des peupliers comme des mains. Il vient du pays de Flandre ; il souffle avec une bouche d'enfant. Il s'est levé avec le jour ; il est plein d'oiseaux ; il m'apportè l'arome musqué des vaches cornant derrière les saules.

Je m'écoute vivre ma vie sans penser, baigné dans ce lait de nature. Mon cœur bat près de la terre; toute ma vie est dans mes mains. Quelquefois le flot monte, lourd, immense, une petite éternité divine mêlée à toute l'éternité verte devant moi. Je suis une parcelle de la grande vie qui palpite dans le vent, l'eau, l'espace. Je suis un humble atome emporté sans secousse dans le tourbillon de la substance. Tout cela était là depuis des siècles avant moi, continuera pendant des siècles après moi. Ma vie, dans un bref vertige, s'égale à la durée. Pourtant je suis sans fièvre, j'ai mollement l'âme assoupie, silencieuse, virgilienne du troupeau qui pâture près des cupatires.

Le vent se gonfle. Une petite flottille de canards blancs rame à travers les lentilles, creusant un sillage bleu où remue tout le ciel. La chaleur monte avec le soleil; le brouillard ondule, fume, floconne en ouates violettes vers les fonds. L'ombre, à la lisière du bois, se chauffe de carmin. La vie qui dormait encore s'éveille; les mouches ronflent; des vols d'abeilles tournent autour des tanaisies, aux corymbes d'or. A la surface de l'eau, sous le crépitement des lentilles, crèvent des bulles d'air.

*
* *

J'entends bien ce que vous dites, je ne sais pas ce que vous pensez.

*
* *

Il fait doucement dimanche. La petite paroisse des abeilles chante matines. C'est le bourdon qui tient l'orgue. Dans la campagne sonnent les petits alleluias d'argent. Les hommes prient dans l'oraison des cloches. Le son monte bleu, fluide, léger, couleur du matin gris-perle, pastellé de rose. Pas un bruit ; les fermes jusqu'au soir vont dormir leur grand sommeil lourd derrière la digue.

Il fait aussi silencieusement dimanche en moi.

*
* *

C'est un orgueil pour moi de me comparer au brin d'herbe : nous sommes, lui et moi, indispensables à l'ordre du monde.

*
* *

Le silence bat comme un cœur. Il vit à côté du bruit ; tous deux ont une vie distincte qui ne se confond pas. Un coup de hache dans l'arbre ne trouble pas les grandes voix muettes des bois.

*
* *

Lundi. — La maison amie fait silence dans l'ombre fraîche, matinale. Une clarté verte monte du verger, glisse sur le lait de chaux du pignon. Les volets aussi sont verts, d'un ton mouillé d'aquarelle, comme aux petites maisons de Hollande. Tout le paysage frémit dans le miroir bleu et vert des vitres comme des prunelles de bœuf. A peine on voit le toit sous l'or violet des feuillages. Des pommes, comme des boules de cuivre rouge et vert, constellent l'épaisseur rouillée des pommiers. Et au-dessus il n'y a plus que le ciel laiteux, soyeux et gras.

C'est bien là la maison d'un peintre et cette maison s'appelle « Zonneschyn, » plus que du soleil, toute la lumière à flots d'une fête de nature et d'intime bonheur. Au fond du jardin, par de là les tanaisies, les chardons d'argent bleu et les pommiers, la porte de l'atelier se chape de lierres lourds et pourpres.

Que tout cela est bon, franc, honnête ! Une âme ici compose avec l'air, la lumière, le vent ses claires églogues humides de matin, ses floralies où rit le grand rêve des âges du monde.

*
* *

Il va venir le temps où, pour s'assurer les heures tranquilles du bon travail, où, pour faire en paix loyalement ses livres, il faudra accepter les besognes inférieures, professions, emplois, etc., comme autrefois le jeune artiste, pour peindre un rêve héroïque, se résignait à portraiturer les faces de beurre des grasses bourgeoises, l'oing des espèces enrichies dans les denrées alimentaires. De plus en plus, le journal, le quotidien qui fut le gagne-pain de l'honnête écrivain, se retire de la littérature, de l'œuvre écrite, longuement mûrie. Le feuilleton retombe à la prose plate, incolore, exécrable des bas faiseurs.

*
* *

Claus est là sur le banc près de moi et je le regarde, je l'étudie. Sa maigre, mobile et nerveuse silhouette, patinée de soleil, mordue par les hâles, aux brusques détentes, s'accorde bien avec son art sensible, agile, frémissant. C'est le peintre aux fibres longues, aux yeux gris de paysan toujours tournants, bornoyant sous l'arc fléchi du sourcil et qu'émeuvent une ride de vent sur l'eau, un frisson des feuilles, la facette miroîtée d'un clair dans le paysage. Il fume là tranquillement, sa pipe vissée aux dents sous la broussaille courte de la barbe couleur de chanvre roux. Autour de nous c'est l'ombre claire, bruissante, du grand châtaignier, persillée de ciel lilas dans la roue d'or des mouches. A un pas coule comme une lumière limpide la belle Lys entre ses berges de saules et de prairies. Le peintre vit le rêve de cette nature heureuse, féconde, élyséenne, et me dit :

— Voyez-vous, un tableau est un tourbillon autour d'un axe, tout tourne en cercles rapides, vertigineux comme la terre elle-même. Et c'est cela qu'il faut peindre, oui, la terre qui se meut dans l'espace, le ciel qui bouge, la minute entre deux effets, dans cette rotation éternelle d'une grande meule en feu.

*
* *

Est-ce que le fait de plaindre les morts n'est pas une preuve que nous tenons la vie pour le plus grand des bienfaits?

*
* *

Le seuil humide au matin, le verger givré de rosée, une poire qui tombe, et doucement commencer sa journée comme les sarcleurs là-bas qui sur un rang, à genoux, s'avancent à travers les navets, comme les petits canards à la file qui descendent à la rivière, comme les bonnes vaches tranquilles qui gonflent leur pis dans la prairie. Jammes, virgilien Jammes, je pense à vous.

*
* *

Sous l'abat-jour de cuivre en ailes de papillon, la dame de la maison, blonde comme un matin d'été, simple, gracieuse, fine, remue les soies de pourpre dont elle décore un canevas. Les deux chiens, Wind et Rapi, en boule, somnolent sur la carpette. Les petits cadres au mur, des peintres, des amis, Thaulow, Le Sidaner, Buysse, Duhem, regardent avec des yeux de soleil, avec des cheveux d'arbres en or. La bonne journée s'achève dans de la confiance, du rêve, des propos légers et graves. On entend le silence pas à pas monter l'escalier. Et puis Marie, la petite servante au front busqué de chèvre, apporte les bougeoirs.

*
* *

J'ouvre quelquefois un journal, je lis qu'il y a à Bruxelles un Salon. Un étrange, fertile, ingénieux artiste, Lévêque, y expose des *Ouvriers tragiques*, le jardinier, le fossoyeur et le boucher.

Bouhélier, déjà, avait écrit cela en d'admirables pages, avec le sens enflammé et pathétique de l'héroïsme quotidien qui le rapproche de Rembrandt.

*
* *

... Ils mordent la main qui leur donna le pain intellectuel... Après tout qu'importe ! Être bon toujours, bon avec passion, bon sans le savoir, n'est-ce pas là une vengeance très douce pour tout le mal qu'ils croient faire et qu'ils se font à eux-mêmes ?

*
* *

Claus depuis une semaine, part au petit brouillard matinal des six heures. La rame grince au trolet, la barque sille à travers les lentilles grasses. Il traverse la prairie mouillée, comme tendue de lessives pâlement azurées. Il y a, par de là la barrière, une petite ferme aux volets verts, au toit de tuiles flambant roses. Le verger s'étend devant avec ses arbres lourds de pommes et ses ombres bleues, ocellées et qui font la roue en queue de paon. Une branche penche plus près de la terre que les autres. Le peintre s'assied là, regarde s'éveiller et rire au soleil la vie ingénue des petites pommes. Elles ont un cœur vert et frais ; elles ont une chair de belles filles vermeilles. Une à une il les peint dans leur sève : elles semblent rouler de l'arbre sur la toile. La vache à pas pesants traverse l'herbe grasse ; sa prunelle duvetée de buée violette, reflète les vermillons et les carmins. D'un mufle humide, elle hume les huiles claires, froides et qui sentent la pomme.

. . . .

CAMILLE LEMONNIER.

LA DOMINATION DU POÈTE

Moi, héros, j'ai bâti mon temple en vos poitrines,
Hommes dont les esprits sont ma postérité,
En vous s'accroît l'éclat de mes strophes divines
Qui chantaient dans l'éther avec l'éternité !

Vous n'expulserez point de vos flancs mes doctrines
Votre âme y prend la vie et toute sa beauté !
Et vous supporterez mes saintes disciplines
Dont le poids à vos reins est plein de dureté.

Que m'importent le temps, l'espace, la distance !
Vous vous êtes nourris, en mangeant mes écrits,
De mon pain, de ma chair, de ma pure substance

Car quand vous dévorez mes pages prophétiques,
J'alimente votre être en ses sources physiques,
Et mon esprit soudain vient grandir vos esprits !

SAINT GEORGES DE BOUHÉLIER

VARIATIONS SUR LA LITTÉRATURE

VII

QUELQUES MOTS SUR TOLSTOI ET DOSTOIEVSKY

Ce qui fait la force des deux grands écrivains russes, c'est la foi. J'ignore s'ils croient en Dieu, et ce n'est pas de cette croyance que je veux parler ; mais ils sont dans un état fervent et passionné de l'âme semblable à celui des premiers chrétiens, ils sont essentiellement religieux. Si ce n'est pas pour Dieu qu'ils se dévoueraient, c'est pour les idées divines de bonté et d'amour, pour donner un peu plus de bonheur à l'homme qui, précisément, est l'objet de leur religion.

Leur foi nous entraîne, cette parole mystique si rare dans notre littérature, aujourd'hui surtout, nous paraît nouvelle et nous enthousiasme. Mais un accent de foi si impérieux, d'où le tiennent-ils ? — De leur vie. Pourrions-nous trouver ailleurs des écrivains trempés comme ceux-là, ayant plongé dans un abîme de sentiment aussi profond ? Ce sont des hommes revenus de loin, des âmes qui ont beaucoup souffert. Un Dostoïevsky passe dix ans de sa vie au bagne, il connaît toutes les douleurs, il cotoie tous les affaissements et toutes les déchéances. Dix ans dans un tombeau avec des morts ! Comment demander à un autre de posséder son charme grave, sa beauté oppressante et mystérieuse de ressuscité ? Mais il arrive à n'importe qui de souffrir, tout est dans la façon de recevoir la souffrance. La supporter sans révolte et sans faiblesse, savoir l'aimer et l'employer à son embellissement intime, comme Dostoïevsky, quelle beauté morale cela demande ! La souffrance varie son action selon les natures, elle corrompt les unes et purifie les autres ; mêlé à telle substance, ce corps chimique deviendra de l'or, mêlé à telle autre, il en sortira du plomb. Le bagne qui de tant de cœurs eut fait de la boue, de Dostoïevsky fit un pur diamant.

Tolstoï aussi, est un homme avant d'être un écrivain, il a subi de grandes crises morales. On admire ceux qui partant de bas parviennent au sommet. Il est plus beau et plus difficile sans doute, quand on est né riche et grand, de redescendre parmi les humbles et les pauvres. C'est la vie de Tolstoï. Noble, élevé dans tous les préjugés du monde, il a vécu dans une société très fermée, puis entré à l'armée, avec les officiers. Cependant il est parvenu à se dépouiller de son éducation, de sa race, de son existence, de ses préjugés ; ce noble écrit contre l'aristocratie, cet officier écrit contre l'armée et la guerre ; aujourd'hui il vit avec les paysans, il les préfère aux gens du monde et fait des pièces pour eux.

***

La pensée débarrassée de toute entrave, voilà donc des hommes directement en face de la vie. Mais leur propre nature et leur propre existence vont leur distribuer à chacun des yeux particuliers. Tolstoï déroute moins : ayant été classé dans une catégorie sociale bien définie, ayant été soldat, il a le goût de l'ordre ; aussi ses romans sont plus classiques ; beaux, d'une psychologie, d'une pensée profonde on les admire ; mais ils ne nous angoissent pas, ils ne nous donnent pas des crises d'amour et de larmes comme ceux de Dostoïevsky. Lui, il est extraordinaire, on ne peut le comparer à rien, sa pitié est admirable, il convertirait des tigres à la douceur ; il est beau comme Jésus.

D'où vient l'émotion qu'il nous inspire ? D'où s'élève ce pathétique inconnu ? En considérant certaines scènes, par exemple celle de *Crime et chatiment* où Raskolnikoff avoue son crime à Sonia, on s'explique que leur essence dramatique est composée de l'oubli de toutes les conventions : c'est ici de l'humanité pure, des âmes qui se parlent, en toute sincérité, en toute vérité, débarassées des considérations de société qui souvent paralysent nos plus beaux élans. Le remarquable de ces personnages, c'est qu'ils obéissent à leur premier mouvement, ils ne se laissent pas arrêter par la réflexion, ils sont prêts à tout, aux sacrifices, aux changements de vie les plus inattendus ; de là ces dialogues inouïs où on ne dissimule rien, rien de ce que l'on pense, où tous les plus obscurs mouvements de soi-même sont révélès, de là ces situations uniques où les êtres prennent un aspect extraordinaire ; de là cette abondance d'amour, de pitié, de bonté qui coule à flots comme d'une source.

*
* *

La lecture de Dostoïevsky est assez désorganisatrice. Aussi, bien des esprits qui aiment l'ordre avant tout, ne peuvent-ils point la supporter ; mais ceux-là ne connaîtront jamais le véritable tragique humain, car ainsi que la passion il provient du désordre.

Dans ces romans, les vieux cadres de la société sont brisés, ils n'ont plus de raison d'être. Ce qui trouble, c'est toujours le dédain des conventions porté partout : la condition des personnages ne sert au romancier qu'à rendre plus poignants ses récits à oppositions violentes : il fait s'épancher un prince dans le cœur d'un laquais. Mais comment entrer de plein pied dans une société aussi faussée ? Nous avons besoin de transporter dans nos lectures tous les plis de notre esprit, il nous est impossible d'abandonner subitement toutes ces façons de voir, tous ces préjugés, toutes ces définitions qui nous ont été imposés par la société, auxquels nous sommes faits et qui nous permettent d'y vivre en équilibre. Dostoïevsky ne se représente pas d'une façon bien définie les barrières sociales, il semble ne pas les imaginer véritables ; il transporte avec facilité les mêmes personnages dans les milieux les plus différents, il fait se rencontrer et se lier des gens que leurs situations sépareraient à jamais. C'est qu'il ne voit pas la Société avec ses cases, il ne voit que des hommes partout, il ne tient compte que de la valeur morale des êtres, et comme pour lui une prostituée enfant vaut mieux qu'un gros marchand habile et dépravé, il a l'air de croire que le marchand pense lui aussi, que la prostituée vaut mieux que lui : il les fait se parler, se comprendre et s'aimer comme des frères et sœurs. D'où un malaise, on est transporté dans une vie tellement différente de la vie réelle que celui qui n'est pas enivré par le sublime des sentiments résiste, ne se laisse pas vaincre et hausse les épaules, déconcerté. D'ailleurs beaucoup de difficultés. A côté de *Crime et chatiment* qui se développe logiquement et presque sans longueurs, combien de passages touffus et embrouillés, combien d'arrêts dans l'*Idiot*, dans *les Possédés!* Pour tirer profit de Dostoïevsky, il faut se dégager de ses propres habitudes, se livrer complètement à lui en abandonnant un sens critique qui n'a pas à s'exercer sur des œuvres comme celle-là, extra-littéraires.

*
* *

Dostoïevsky c'est une conscience qui s'abandonne et qui parle, sans mesure, sans réticences, sans préparation. C'est une femme passionnée qui s'épanche dans des accès de fièvre, dans des crises de génie. Tolstoï est plus réglé ; il est même tout à fait raisonnable ; il a transformé ses convictions en dogmes et en principes. Quand on lit un chef-d'œuvre comme *Anna Karénine*, on se sent sous un maître qui ne se laissera jamais déborder par son sujet, qui fera se dérouler régulièrement les circonstances, qui amènera toutes ses situations avec sûreté. De tels livres, accessibles à un plus grand nombre, auront une influence plus étendue. Leur auteur pourra devenir un des souverains intellectuels du monde, et n'importe lequel de ses ouvrages obtiendra un immense retentissement. De sa solitude de Yasnaïa-Poliana, du fond de la steppe russe, il gouvernera tout un empire d'esprits cultivés. Et sa domination sera superbe, car elle est bonne. La beauté morale d'un livre comme *Résurrection* est incomparable.

Dostoïevsky et Tolstoï nous ont réappris à aimer l'homme, à le comprendre, à lui pardonner. Il nous ont montré la supériorité éternelle des grandes âmes, des cœurs doux, charitables et compatissants.

*
* *

On a attaqué l'ouvrage de Tolstoï sur l'Art. Beaucoup ne peuvent accepter l'idée d'un art purement utilitaire. Les fautes d'appréciation du russe fournissaient un argument à ses contradicteurs ; pourtant elles constituent un détail d'importance secondaire et qui n'infirme pas la la justesse de sa théorie. Qu'il ait été mal renseigné, qu'il ait jugé trop rapidement et de parti pris de belles œuvres françaises, cela ne détruit pas l'excellence des principes en vertu desquels il les jugeait. Pour moi je préférerai toujours un livre humain à un livre de pure littérature. Une faute de syntaxe dans un chapitre est moins grave qu'une erreur dans la peinture d'un sentiment. D'ailleurs il n'existe pas de grande œuvre d'art qui ne soit avant tout profondément humaine. Quelquefois on reproche aux Russes, et ce reproche est plus applicable à Dostoïevsky, de manquer de goût, de ne pas faire œuvre d'artiste. Que m'importe ? Je consens à ce qu'on répète trois fois le même mot dans une page si, avec cette page, on réussit à m'élever dans les hauteurs les plus sublimes du sentiment, si on développe en moi ce qu'il y a de meilleur. Celui qui y parvient, je le reconnais sûrement pour un artiste. On a bien reproché à Balzac de mal écrire, tout de même c'est le plus grand de tous les romanciers, et pour son style on sait à quel point il le corrigeait (1).

---

(1) A ce propos, Hugues Rebell récemment écrivait avec raison :

« Les corrections sans fin que Balzac fait subir à son style ont pour but de l'éclairer, de le rendre plus net, plus concis, plus ordonné. C'est la grande richesse de sa pensée qui la rend difficile à dégager. Il n'a point la correction puérile de Flaubert qui ne voit que l'ornement oratoire de la phrase. Balzac a du style la conception de nos grands écrivains du XVIIe et du XVIIIe siècle, et plus d'une fois il atteint leur énergie et leur ampleur. »

Comme Balzac, Tolstoï et Dostoïevsky sont de grands artistes parce qu'ils ont été infiniment émus devant la vie, et que lorsque nous les lisons, ils nous font ressentir leur profonde émotion.

EUGÈNE MONTFORT.

POÈME

Les poètes sont de pauvres amants
Qui écrivent des vers d'amour et de bonheur
Pour des femmes dont ils ignorent la splendeur.

Les poètes sont toujours indigents
Malgré l'or de leurs yeux et l'éclat de leur âme
Et malgré les ardeurs dont leur esprit s'enflamme.

Les poètes sont de bien pauvres gens
Qui donnent de la joie et du rêve à leurs frères
Sans atteindre jamais la douceur de leurs rêves.

Les amoureux chérissent les poêtes
Et s'aiment à travers leurs vers qu'ils se répètent
En pensant que c'étaient des hommes bien aimés.

Mais ils ne savent pas que, lorsqu'on parle aux fleurs
Aux oiseaux, au soleil, et qu'on porte en son cœur
Le long frémissement de la nature immense,

On adore les femmes en gardant le silence.

ALBERT FLEURY

M. BERTHELOT

NOTES

Les immortels que la maladie ou de sérieux travaux éloignaient de la coupole ont dû éprouver de bien vifs regrets, lors de l'élection de M. Berthelot.

Un des savants les plus célèbres de notre époque vient rehausser l'éclat de leur Société. Le prestige de l'illustre compagnie s'accroît de celui qui est attaché au nom du créateur incontesté de la synthèse organique. Seuls, des esprits malveillants peuvent accuser les absents d'une muette protestation, mais le jour prochain de la réception on verra avec quelle unanime admiration seront accueillies les paroles magistrales du grand savant et du grand philosophe. M. Berthelot dira ce qu'il a vu et, par la simple interprétation de ses découvertes, il montrera les voies nouvelles et fécondes où la science fera désormais d'immenses progrès. Personne ne verra en M. Berthelot le représentant de la banqueroute de la science. Plus de cinq cents mémoires originaux, d'une grande variété dans les procédés de détail, mais d'une grande unité au point de vue de la méthode et des idées générales, attestent le labeur immense d'une vie consacrée à la recherche de la vérité. L'illustre chimiste continue à présenter, à l'Académie des sciences, ses propres travaux et les recherches de ceux qu'il veut aider et encourager, témoignage magnifique d'une force et d'une ardeur qui ne s'éteignent point avec l'âge. Arraché de son laboratoire, ministre, sénateur, réorganisateur de l'Enseignement supérieur, président d'une foule de commissions, professeur, M. Berthelot rend partout d'éminents services et répand sur toutes les questions de vives lumières.

Comment parler, sans froisser ce qui existe de plus délicat, de l'amitié qui unissait deux grands et nobles esprits de ce siècle ? Amitié qui n'amena aucun échange de services matériels et qui eut une si heureuse influence sur le développement réciproque de l'écrivain et du savant. Imagination puissante, sensibilité extrême, intelligences vastes et ordonnées, réagissant et se pénétrant, qualités communes de méthode, tels sont les caractères distinctifs de Renan et de Berthelot.

Tous deux, l'âme ardente, n'ont vécu que pour la réalisation de leur œuvre. Sans ambition, sans désir de popularité ils n'ont distrait aucun moment de la tâche immense qu'ils s'étaient imposée. Si l'un d'eux parfois a prêté son concours aux affaires publiques, c'est comme un devoir qu'il a considéré la charge dont l'investissait l'estime de ses concitoyens. Le devoir accompli il a repris avec joie les chers travaux interrompus. Voilà ceux qu'on a voulu représenter comme les apôtres du scepticisme aux yeux de la sottise humaine. Le scepticisme « suicide de la raison » prôné par ceux dont la vie toute entiére est la glorification de la raison !

Peu d'artistes raisonnent sainement sur les procédés de leur art, il est plus rare encore de rencontrer un savant discutant ses propres travaux et en déduisant toutes les conséquences. L'esprit d'invention semble incompatible avec l'esprit philosophique et l'esprit critique. M. Berthelot lui, a su quitter le champ des expériences pour expliquer dans une langue sobre et claire la série de ses recherches et en tirer les résultats précis. Mais le véritable philosophe apparaît surtout dant l'enchaînement des travaux, l'établissement de leurs rapports, et la démonstration éclatante d'une idée générale, d'une loi fondamentale.

Les erreurs de Berzélius et de Gerhard dominaient toute la science chimique, lorsque Berthelot montra qu'au sein des corps vivants s'effectuaient des réactions identiques à celles des laboratoires. On peut, en partant des éléments, réaliser les corps élaborés par la plante ou l'animal. La force vitale qui présidait à ces formations dans les théories des anciens chimistes est définitivement écartée. De belles et innombrables expériences de synthèse, qu'il n'y a pas lieu de rappeler ici, ont été exécutées par M. Berthelot. Certes on est loin d'obtenir industriellement la plupart des produits usuels que l'on rencontre dans la nature. Nous ne verrons pas de sitôt les sucs alimentaires, condensés sous forme de pastilles ou de pilules, remplacer notre nourriture habituelle, même si notre organisme subissait une adaptation spéciale.

Ne nous figurons pas M. Berthelot sous les traits d'un de ces alchimistes, dont il a fait l'histoire dans une étude remarquable, poursuivant quelque œuvre mystérieuse et chimérique. La science aujourd'hui travaille au grand jour. Toute découverte est immédiatement contrôlée, discutée, enregistrée et tombe dans le domaine public pour l'amélioration du bien-être matériel ou le progrès des idées. Mais, quand de la découverte découlent une loi générale, une vaste hypothèse, quelles conséquences inattendues, quelle magnifique moisson de résultats ! Sur la voie tracée par un Pasteur, un Claude Bernard un Berthelot, s'élance avec ardeur une génération de jeunes savants, et ce qu'on n'osait prévoir se réalise. « La science qui a commencé par l'étonnement finit par l'étonnement ».

Ce que sera la science du XXe siècle nul ne peut le prédire. Beaucoup d'erreurs seront relevées, un grand nombre d'hypothèses seront définitivement condamnées, mais l'œuvre d'un Berthelot, nettement évolutive, ne disparaîtra pas, quelles que soient les conquêtes futures de la science. Elle marquera un progrès immense vers la réalisation de la science idéale. Prévoir les réactions par les lois de la thermo-chimie, réaliser la synthèse des corps naturels, c'est là une œuvre géniale qui nous amène vers la conception de l'unité de la matière et d'une loi universelle des forces et du mouvement. L'homme illustre, considéré par le vulgaire comme le représentant le plus autorisé de la science officielle, est en vérité l'esprit le plus indépendant et le plus original. Il a contribué de toutes ses forces à la déroute irrémédiable de la philosophie officielle et assigné à la métaphysique le seul rôle qui lui convienne, celui de servante dévouée de la science.

Nous retrouverons les lois et les principes établis par M. Berthelot quand nous essaierons de constituer une synthèse esthétique, d'expliquer scientifiquement le phénomène du beau, de dégager de l'œuvre des poètes. sculpteurs, musiciens la raison de leurs procédés. Ce sera la conclusion, peut-être inattendue, de ces quelques lignes. Soyons fortement convaincus que nos plaisirs et nos joies ne disparaîtront pas, mais acquerront une force toute nouvelle si nous parvenons à saisir leur cause, à expliquer leur origine.

EDOUARD LAURENT.

UN POÈME INCONNU

ÆGRI SOMNIA

Depuis dix ans, ma jambe gauche,
Tu me jouas combien de tours!
C'en est lassant, cela me fauche,
Cela va-t-il durer toujours?

Si je marche, je me figure
Que je traîne un boulet, forçat
Innocent, mais tu m'en assure!
— Qui donc voulut que tant pesât

Derrière moi ce membre raide
Et douloureux? Le diable ou Dieu?
Est-ce à mes péchés le remède,
L'expiation? Lors c'est peu.

Ou bien Satan, jamais en faute
Quand il ne faut pas faire bien,
Veut-il tenter, invisible hôte,
Ma patience de chrétien?...

Bah, ce n'est rien, Dieu voit mon zèle
A souffrir en cet aujourd'hui,
Et ma jambe muée en aile,
Moi mort, m'essorera vers Lui.

16 mars 1895.

PAUL VERLAINE.

L'ACTION

DANS LA LITTÉRATURE ET DANS L'ART

Dans de trop nombreuses revues, on accuse la jeunesse actuelle, avec quelque raison semble-t-il au premier abord, de préconiser dans tous ses articles le retour aux actes, et de se confiner elle-même, dans une étroite idéologie. On répète à satiété qu'elle se désintéresse des mouvements sociaux, pour ne rêver que manifestes ou professions de foi plus ou moins sectaires.

Or, il faut bien avouer, qu'à part quelques rares exceptions, notre jeune génération semblait mériter ce reproche. Mais elle s'est ressaisie et nous avons à l'heure actuelle, aussi bien en littérature qu'en art, tout un ensemble d'action et d'énergie qui vaut d'être étudié.

D'abord, on chercha à éduquer le peuple en lui offrant des conférences trop délicates pour l'esprit de ce grand enfant, volontaire et obstiné. On lui parlait comme l'aurait fait un maître de l'Université, réunissant dans le grand amphithéâtre de la Sorbonne un public de lettrés ou d'étudiants. Aussi l'ouvrier délaissa-t-il ces salles où il ne trouvait que des pensées trop profondes pour son esprit encore faible, alors qu'il pensait s'y amuser d'anecdotes ou de spectacles.

Mais, certains, parmi nos jeunes hommes, comprirent que là n'était pas le chemin à suivre. Ils se souvinrent que chez les Grecs, à l'esprit délicat, mais aussi quelque peu enfantin, le théâtre était la suprême distraction, et Lumet, Magre, Viollis, eurent l'idée du *Théâtre Civique*. On y joua bien des pièces que certes, à notre avis, on aurait pu dédaigner : *La, Révolte* avait eu assez de succès à l'*Odéon*, sans la monter à nouveau. Mieux eut valu vulgariser les pensées et les idées de

MM. de Bouhélier ou Le Blond, que de nous dire des couplets de Jules Jouy. Mais Clémenceau et Retté y furent admis, et leur éloquence persuasive et compréhensible, alla droit au cœur de la masse, qui se rendit compte que ce théâtre populaire, avait plus d'attraits que le cabaret.

Puis vint l'idée du théâtre en plein air ; elle était belle et pouvait être féconde en résultats, mais pourquoi y donner du Jean Lorrain ?

C'est surtout à *La Coopération des Idées* que l'ouvrier montra les trésors de bon sens qu'il renfermait en lui, et dont il ne demandait qu'à se servir.

Qui ne se souvient du programme noble et ambitieux que M. Deherme nous offrait en avril 98 ? Son désir était, disait-il, « non pas de faire des érudits, mais d'élever des hommes. » On loua un local ; on fit appel à toutes les bienveillances, à toutes les bonnes volontés, et, surmontant les difficultés, aujourd'hui la *Coopération* est fondée en Société sous le patronage des Buisson et des Séaille, et bientôt le *Palais du Peuple* remplacera la modeste salle où se donnèrent les premiers cours (1).

D'autres Universités populaires se sont fondées et l'on peut affirmer que l'exubérance sociale de quelques jeunes hommes a fait entrer le goût de l'art dans l'âme du peuple.

*
* *

En littérature les Symbolistes avaient énervé le goût des lettrés, sans être compris de la masse. On se

(1) Cet article était composé avant les incidents qui viennent de se produire à la *Coopération des Idées*. M. Deherme revendique le droit de faire exprimer chez lui toutes les opinions : on lui répond que les Universités populaires doivent donner un enseignement exclusivement républicain. A la suite de ces dissidences une scission s'est produite entre l'Université de M. Deherme et les autres Universités populaires.

souvient, à ce propos, de la retentissante circulaire de M. Lugné Poë qui constatait la stérilité de leurs œuvres et faisait appel aux Naturistes.

Ceux-ci ont immédiatement compris leur rôle social, et ils unirent leurs actions communes pour rendre à la nation le goût du Beau, et pour relever le niveau de la moyenne.

Ils cherchèrent à réaliser, par une évolution lente et continue, l'utopie de Zola : la foule supérieure. Ils s'attachèrent à créer des hommes plus beaux, plus moraux, se rapprochant davantage de leur idéal. Leur pensée s'employa toute à rendre à notre génération le courage moral qu'elle a perdu, à faire cesser cet énervement sentimental, cette anesthésie civique, qui glace le plus pur de notre jeunesse. Dans leurs vers ils ne chantèrent plus des fictions allégoriques, incomprises du vulgaire, mais ils consacrèrent le travail humain dans sa haute et sociale pureté. Ils donnèrent à leurs poésies un rythme jusqu'ici inconnu ; dédaigneux des règles surannées, ils écrivirent les cris de leur cœur, les aspirations de leur âme, et je ne sais rien de plus beau que les sanglots d'amour d'Eugène Montfort.

Magre et Lafargue, — Le Blond et Bouhélier, — Gasquet et Viollis, — voici tout un ensemble d'énergies et d'idées, qui concordent avec celles de Deherme et de Bouchor. Les uns répandent dans leurs Revues le plus noble de leur pensée, écrivent des pièces pour l'éducation du peuple, les autres montent des théâtres et des universités où ils les font représenter.

Ces deux efforts simultanés se complètent l'un l'autre, et leur action a un résultat moral et social considérable : ils instruisent la Nation, et, — lui donnant des idées fortes et généreuses, — élèvent son niveau intellectuel, en même temps qu'ils lui rendent une vigueur trop longtemps disparue.

Paul Coulon.

« LE RÊVE » D'ALFRED BRUNEAU

Nul n'est plus obéissant que le peuple. Personne que la foule n'est plus juvénilement croyant aux conseils que lui donnent ceux qui, par un moyen quelconque, s'imposent à elle.

En différents cas j'ai remarqué que la masse prenait une attitude toute contraire à ses instincts primordiaux. Depuis le Christ jusqu'à plusieurs grands hommes de nos jours la foule a toujours hué ceux qui incarnaient l'essence même de ses émotions et de ses sentiments. Elle a banni Spinoza et elle tolérait les rabbins, elle a sifflé Berlioz et s'agenouillait devant Adam et Bellini, elle est restée indifférente à Verlaine et elle lisait *Le Petit Journal*.

Et tout cela parce que, toujours, il y a eu des hommes creux mais astucieux qui ont su profiter de sa paresse, son plus triste défaut. Ceux-là, ayant tant d'intérêt à voiler les grands esprits pour ne pas montrer la différence entre ceux-ci et les leurs si bas et superficiels, prononcent des paroles frivoles, caressant adroitement la paresse des peuples, et voici le lien brisé qui devrait les unir à leurs grands hommes pour la gloire de tous deux. Seulement sans s'en apercevoir, la masse subit l'irrémédiable influence du grand Intermédiaire qui toujours vaincra tout : Le Temps.

Les Heures écoulées qui font vibrer les rayons ardents des soleils voluptueux et les lumières calmantes des lunes silencieuses; le tourbillon incessant des Instants qui passent, qui fait d'une graine une forêt, d'une goutte de pluie un torrent, fait mûrir aussi les idées en germes dans l'âme des foules, et c'est ainsi qu'on a vu les générations suivantes embrasser des hommes que leurs ancêtres ont voulu massacrer.

* * *

Lorsque, il y a neuf ans, le Rêve fut représenté pour la première fois à Paris, les coteries de l'ancienne école musicale trouvèrent encore assez d'adeptes dont elles avaient faussé l'esprit et l'oreille, au point que des œuvres vivantes et simples telles que l'œuvre adorable de Zola et Bruneau fissent désirer au public de réentendre pour la mille et unième fois les idiotes pluies de notes que Meyerber nous a laissées dans *Les Huguenots* avec son *Noble seigneur, salut*, etc. On était, encore bien plus qu'aujourd'hui (heureusement !) habitué à voir sur la scène, lorsqu'on allait à l'Opéra ou à l'Opéra-Comique, des poupées qui n'avaient que deux ou trois gestes pour exprimer leurs émotions plastiquement. Ces gestes consistaient à ouvrir largement les bras pour les moments passionnés, appuyer les deux mains sur la place du cœur pour les tendresses, et lever les bras en l'air pour le désespoir. Il est vrai que la plupart des œuvres que ces chanteurs interprétaient n'exigeaient pas davantage comme expression, car la musique et les librettos étaient à l'avenant. Il est évident que le public habituel de nos théâtres lyriques subventionnés d'alors, fut stupéfait de voir devant lui au lieu de sa musique et de ses gestes traditionnels un ouvrage qui ne lui donnait rien de tout cela. On se disait que « quand on allait au théâtre — surtout à l'Opéra-Comique et à l'Opéra — il fallait du *théâtral* et non pas du réel, surtout pas avec de la musique qui n'était faite que pour l'agrément, pour un passe-temps. » On était même un peu furieux qu'un artiste voulut faire plier la scène aux caprices de son œuvre au lieu de faire, comme cela s'était toujours fait, un ouvrage d'après les usages du théâtre.

« Ah mon Dieu ! disait-on, ce ne sera jamais possible, car même Wagner, cet ultramoderne, ne fait que du théâtre, du vrai théâtral ; voyez donc ses héros chez lui : toujours des êtres fantastiques. » On n'avait pas pensé que ses *Maîtres chanteurs* seraient considérés plus tard par un grand nombre comme son plus bel effort.

Aujourd'hui je me réjouis du grand succès qu'à la reprise, l'œuvre de Bruneau a remporté. Non pas seulement pour l'éminent musicien, mais aussi pour le progrès du public et surtout du public habituel de l'Opéra-Comique. Je suis réellement heureux d'avoir pu constater que la génération qui va actuellement à nos théâtres lyriques se rend compte un peu mieux que la précédente du but de la musique qui est, aussi bien que celui de tout autre art, de refléter la vie.

Bruneau, pour moi, est un des artistes les plus sincères et le musicien qui fait le moins de *coquetterie* avec son art ; et c'est pour cela — en dehors de sa très grande science harmonique et rythmique — que je l'admire infiniment. J'ai employé le mot coquetterie, et il faut que je l'explique pour être clair.

Le musicien, plus que tout autre artiste, qui possède un peu d'habileté, peut enjoler et mystifier la foule par un moyen facile. Il peut chanter des mélodies tellement agréables que le public, bercé sur des rythmes factices, à moitié endormi, accepte des frivolités pour des émotions profondes. Le compositeur en écrivant de la musique sur des paroles peut se laisser entraîner lui-même par un *Cantus* trouvé et, ne voulant pas le lâcher, il le continue, même si le sens des paroles à souligner exigent une toute autre expression musicale. Le musicien qui fait cela — et ils sont trop nombreux hélas ! — fait ce que je me suis permis d'appeler : de la coquetterie, car il sacrifie le véritable but de sa tâche à la manifestation de ses propres grâces. C'est ce que nous ont fait subir les Halévy, les David, les Massé, les Adam, les Bellini etc. C'est ce qui a été un peu la faute de Gounod (malgré ses grandes qualités), du Verdi de *la Traviata*, et d'autres plus récents comme Monsieur Massenet par exemple. C'est ce qui sera dangereux pour les Mascagni et les Léon Cavallo. Wagner a écrit une brochure sur la *Simple Mélodie* qui explique avec plus d'autorité et de clarté ce que je veux dire ici. Dans cette brochure, il donne même des phrases à souligner par de la musique, et dans celles-ci il indique les endroits où le sens des paroles exigerait des modulations.

Il est un genre où la simple mélodie peut faire beaucoup, c'est le « Lied. » Dans Schubert nous avons le plus bel exemple du *Lieder componist* ; chez lui, il semble que les poèmes et leur musique furent écrits d'un seul jet.

Comme antagonisme du genre entièrement « mélodique » il existe aujourd'hui une école qui semble abhorrer *expressément* toute mélodie. Ce sont les musiciens qui, en soulignant des paroles par la musique veulent en exprimer le sens *métaphysique* ou *philosophique* et n'obtiennent qu'un gâchis terne et cérébral fait de jongleries harmoniques et mathématiques. Le premier genre est la faute du romantisme, le second celle du symbolisme.

Bruneau, bien qu'il ait le don de la mélodie ne la fait jamais au préjudice de l'expression authentique des paroles. Déjà, dans son « Attaque du Moulin » à laquelle je préfère néanmoins de beaucoup « Le Rêve », il donne des exemples de son don mélodique en même temps que de sa force d'expression dramatique. Je n'ai qu'à rappeler le superbe chant sur « l'horrible guerre » avec son magnifique passage : « *Tous les travaux anéantis, la mort du pauvre monde et le deuil au village* » soutenu par des accords grandioses d'expression douloureuse, vraies trouvailles harmoniques à la fois.

Dans *Le Rêve*, Bruneau a donné une preuve touchante d'une sobriété à la fois large et riche. Les simples motifs obtiennent dans leurs développements naturels une ampleur que l'on ne devinerait pas à leur première apparition. Même l'entrevue de Félicien et de Jean qui présentait comme situation le danger de pouvoir inspirer une musique boursouflée, demeure aussi limpide et sincère que cet admirable troisième acte.

Comme exemple de la belle inspiration mélodique je cite le chant d'Angélique « ah! que j'aime à rester seule. »

Quelle fraîcheur et quel enthousiasme entraînant dans cette strophe « Je voudrais épouser un prince » !

Malgré les beautés qui se trouvent dans « Messidor » je crois que Bruneau exprime plus clairement dans *Le Rêve* son vrai tempérament qui tend plutôt vers une atmosphère élégiaque, son « Requiem » en fait également preuve. De là aucune défaillance dans le dessin des caractères différents des personnages. Dans cette œuvre toutes les figures ont un trait semblable : la bonté ; Bruneau a su faire distinguer la nuance propre à chaque individu. La douceur extasiée d'Angélique se détache nettement de celle plus terrestre de Félicien, la bonté tranquille et bonhomme d'Hubertine et d'Hubert forme un contraste avec la séverité noble et douloureuse de Jean. On sent enfin à travers toute l'œuvre que le musicien était profondément épris de tous les personnages dont il allait rendre musicalement les émotions.

Les interprètes, Mmes Guiraudon, Deschamps-Jehin, MM. Beyle et Albers se sont souvent montré dignes de leurs rôles. L'orchestre sous M. Luigini s'est distingué par la clarté et la finesse de style avec lesquelles il nous a expliqué cette noble partition qui présente moins de difficultés techniques que d'accentuation savante et poétique.

Voilà donc deux belles œuvres modernes au répertoire de l'Opéra-Comique, « Louise » et « Le Rêve » Puissent-elles être suivies d'une longue série, pour faire oublier au public celles qui appartiennent depuis longtemps aux fabricants des orgues de barbarie.

Et à l'Opéra nous attendons avec impatience « L'Ouragan. »

Andriès de Rosa

LES LIVRES

POUR LA BEAUTÉ, par Gustave Scheid (Société française d'imprimerie et de librairie, 15, rue de Cluny). Bien qu'il ait vu le jour déjà depuis plusieurs mois, je regretterais de ne pas signaler ici ce livre de M. Gustave Scheid. M. Scheid est un esthéticien, mais il n'a point parlé de la beauté dans un langage rébarbatif et technique ; il l'a fait en termes lyriques et fleuris au moyen de phrases très simples que l'émotion soulève. Il est partisan d'une action esthétique, son ouvrage n'a point d'autre ambition que de la prêcher. Et les idées qu'il propage nous sont si consubstantielles que nous serions coupables ne ne pas insister sur notre parenté de pensée.

« Nous ne sommes ni pleinement hommes en ignorant le beau, ni pleinement citoyens en ne le créant pas. Il faut embellir sa pensée pour être homme parfait et son action pour être bon citoyen, dit M. Scheid qui plus loin ajoute : Citoyen, l'antiquité ne connut pas de plus beau titre. Il était l'espérance des faibles et la gloire des meilleurs, et comme la couronne de toutes les vertus. Nous l'abandonnons aux sectaires et nous rions ; et pourtant encore, pour dire nos plus belles joies et nos plus belles actions, il n'en est pas de plus grand et de plus clair ! »

Ne croirait-on pas entendre s'exprimer un rédacteur de cette revue ? Pour M. Scheid, l'action esthétique ne peut être séparée de l'action morale « le mauvais goût ne peut s'allier à une pleine vertu. « C'est à la manière qu'il rompit le pain que les apôtres reconnurent le Christ à Emmaüs. » Mais la beauté ne participe pas seulement de la bonté, c'est encore de la vérité, c'est la vérité.

« Les plus grands savants, écrit-il, non ceux qu'un hasard d'expérience a favorisés, mais ceux dont les justes hypothèses ont fait la gloire, étaient de grands conscients de beauté, puisque l'étude du vrai les avait tellement assurés et éclairés qu'ils devinaient des beautés ignorées. »

Comment organiser cette action esthétique que préconise M. Scheid ? Il faut que nous crééions des sociétés de beauté qui soient comme les hôpitaux et les cliniques où nous guérirons cette maladie de l'âme qui est la laideur.

« Tous nos objets sont pour nos corps et non pour l'âme, pourtant il semble que la nature n'a pas fait les blés seulement bons pour notre faim, mais beaux aussi pour nos yeux. » C'est donc aussi à nous d'éveiller les appétits de l'âme.

Un pareil enseignement du sentiment et de la plastique, devrait commencer dès l'école, et M. Scheid qui est professeur, à qui les questions pédagogiques sont familières, nous a donné sur ce sujet des pages délicieuses :

« L'école veut n'instruire que du travail, mais il y a aussi de la joie dans le monde. *L'école doit apprendre à jouir de la vie comme à y agir*, etc... »

Enfin, M. Gustave Scheid émet des vœux pratiques et même praticables, que je me repentirais de ne pas reproduire :

« Une litterature campagnarde, des poètes locaux, voilà notre idéal et notre besoin présent. »

« Des Sociétés de beauté réclameront des juges esthétiques dans les jurys de travaux, la voirie, etc., elles exciteront l'émulation par des primes, elles établiront des concours d'objets usuels... »

Ailleurs nous le voyons préconiser « des défilés de corps de métiers » et affirmer que la joie de ces fêtes dissiperait le brouillard d'ennui de nos villes, *les sottes réserves des classes*...

Enfin, son lyrisme est bel et logique, quand il s'écrie :

« On ornera tous les monuments publics des œuvres d'art qui conviennent à leur style, à leur destination : les Facultés, les lycées, les écoles, des scènes d'histoire, de mythologie, de genre, de paysages, de portraits d'hommes célèbres ; les bibliothèques des portraits d'hommes locaux ; les hôtels de ville, des scènes de travail d'intérieur ; les salles de gymnastique, des académies ; les bourses de commerce, des scènes de commerce, des ports, etc... Ainsi, l'élève à la salle de réunion, le commerçant à la bourse, le citoyen à l'hôtel de ville, au milieu de son travail, de ses affaires, pourrait reposer sa vue fatiguée sur un coin de beauté, rafraîchir son esprit enfiévré. »

J'ai tenu à citer longuement M. Scheid, afin de faire percevoir combien est vive sa foi naturiste. Les personnes qui me suivent, m'en seront reconnaissantes et je suis persuadé qu'elles liront son livre avec agrément. Que M. Scheid m'autorise pourtant à lui faire une critique. Peut-être a-t-il tort de se déclarer l'ennemi du machinisme moderne. Celui'ci est encore embryonnaire. Il n'a point encore acquis ses formes définitives. Sa beauté n'est encore que farouche, sublime et romantique, ells a pu cependaut inspirer les fresques verbales de *Germinal*, les poèmes de Verhaeren, les toiles de Luce. Mais qui sait si elle ne déterminera pas demain une architecture classique. Ruskin, dont se réclame parfois M. Scheid, est un magnifique exemple moral, mais ses préceptes d'art sont souvent détestables. Je le disais, dans la *Presse*, au lendemain même de la mort du grand esthéticien anglais, c'est surtout comme un « professeur d'apostolat » qu'il faut envisager John Ruskin.

LES JUGEMENTS DU PRÉSIDENT MAGNAUD, réunis et commentés par Henry Leyret (Stock).

C'est une belle idée qu'Henry Leyret a eu de réunir les jugements d'un magistrat humain, d'un juge juste. Son livre pourra servir de code à d'autres magistrats qui, ayant les tendances du président Magnaud, ne possédent point sa haute intelligence, sa logique, sa connaissance des sentiments. Ainsi il contribuera à rendre la magistrature meilleure. D'autre part, répandu dans le public, il peut rendre celui-ci plus apte à concevoir et à aimer la vraie justice, à la réclamer.

Cette collection de jugements rendus par un philosophe admirable est aussi profitable à lire, et délectable pour l'esprit et le cœur que le plus beau livre de morale. Ah ! que c'est beau un homme humain et raisonnable !

Le président Magnaud est un précurseur. Et cela est

tristé à dire, car enfin s'il y a des tribunaux, c'est pour juger selon la conscience, et celui qui juge ainsi est un précurseur ! Une magistrature composée de juges comme lui, cela constituera un progrès immense, — en attendant que bagnes et prisons soient remplacés par des maisons de santé et les magistrats par des médecins.

L'introduction et les commentaires de Leyret, sont excellents pour faire saisir la portée de ce livre. Nous y avons retrouvé le style et la générosité que nous aimons en lui.

E. M.

« **LES POÈTES D'AUJOURD'HUI** » (1880-1900). Morceaux choisis, réunis par MM. Van Bever et Léautaud. — Si les poètes symbolistes ne sont pas, jusqu'à présent, parvenus à intéresser le grand public, voici un livre collectif, anthologie de ces vingt dernières années et qui prétend à jouer ce rôle.

Or, il y a dans la composition même de ce volume plus d'une confusion regrettable.

La première et la plus importante, c'est d'avoir groupé sous l'épithète de *symbolistes* des poètes qui renièrent l'esthétique symboliste, d'autres qui ne la connurent jamais.

Quiconque est un peu familier des lettres françaises se refusera à reconnaître pour poètes symbolistes : Henri Barbusse, Tristan Corbière, Fernand Gregh, Charles Guérin, Raymond de la Tailhède, Maurice Magre, Jean Moréas, Emmanuel Signoret, Laurent Tailhade etc.

C'est abuser de la faculté d'extension des mots que de ranger ces poètes avec MM. René Ghil, Ferdinand Hérold, Stuart Merrill, Francis Jammes, Gustave Kahn, Henri de Régnier, Vielé-Griffin, etc.

Le Symbolisme a été, est encore dans certaines œuvres, un mouvement d'art bien défini, avec ses hommes et ses théories. Je sais bien que c'est en partie le public qui a créé ce mot et que, comme celui de romantisme, les poètes l'ont accepté. Mais il conviendrait peut-être d'en connaître les exactes limites, afin de ne pas laisser vivre des erreurs manifestes.

Une autre source de confusion me paraît résider dans l'ordre alphabétique adopté. Pour une période aussi troublée, aussi nuancée de tentatives diverses, intimement liées les unes aux autres, le seul ordre naturel était l'ordre chronologique.

Au lieu de s'ouvrir sur les vers pâlots de M. Barbusse, qui déçoivent la curiosité la plus bienveillante, c'est Verlaine, Rimbaud, Mallarmé, Laforgue, Tailhade qui auraient dû, de leurs mains puissantes et consacrées, guider le lecteur vers les singularités, les faiblesses ou les réactions des plus jeunes et des derniers venus. Les vers de Maurice Magre, avant les vers de Mallarmé ne signifient rien : ils auraient pris leur vraie figure à leur place et à leur temps. Ainsi de tous les autres.

Je dois dire encore qu'on chercherait en vain à travers les notices rédigées par MM. Van Bever et Léautaud des points de vue communs, des appréciations concordantes et suivies. Assurément, ces messieurs étaient libres d'écrire sur les poètes selon leur fantaisie, mais peut-être devaient-ils dans une anthologie destinée à tout le monde s'accorder sur quelques points essentiels et tout à fait en dehors des bulletins bibliographiques, comme de ne pas écrire des louanges de M. René Ghil ou de M. Robert de Montesquiou et de quelques autres que je veux omettre, et de ne pas critiquer à la légère des poètes tels que Raymond de la Tailhède ou Emmanuel Signoret.

J'en viens enfin à un point délicat et que les auteurs mentionnent dans leur introduction : le choix des poètes qui composent ce recueil, les éliminations, les admissions.

C'est ici que le défaut d'un jugement raisonné, sérieux et élevé, de la part de MM. Van Bever et Léautaud est profondément marqué. Il est évident qu'il ne fallait admettre ni tout le monde, ni quelques-uns, mais seulement *ceux qui le méritaient*.

Il me serait trop long d'expliquer ici comment on peut reconnaître ceux qui méritaient de témoigner de l'effort poétique de ces vingt dernières années et ceux qui ne le méritaient pas. Quelques noms remplaceront peut-être ces explications.

N'est-il pas absurde, par exemple, que M. René Ghil se voit octroyer notice et citations, alors que le noble et profond poète Louis le Cardonnel n'est pas nommé ? N'est-il pas également absurde que le comte ou marquis de

Montesquiou usurpe des pages et les remplisse de son insuffisance, alors que M. Saint-Georges de Bouhélier, auteur discuté, mais intéressant et fécond, n'est pas nommé ? N'est-il pas absurde, encore, que tels prosateurs avérés : Pierre Louÿs, Maurice Maeterlink, Camille Mauclair, tiennent lieu de Lionel des Rieux, de Paul Claudel, d'Ernest Raynaud, d'André Rivoire, de Maurice du Plessys, de Joachim Gasquet, de Léonce Depont, d'Albert Fleury et de plusieurs autres ?...

Et, d'ailleurs, pourquoi MM. de Hérédia, Dierx, Sully-Prud'homme, qui publièrent, je crois, ces derniers vingt ans des volumes non indignes d'eux, ne remplacent-ils pas certains jeunes dont les noms ici sont inutiles, mais dont les œuvres, hélas, le sont d'une autre façon ?...

Ces diverses considérations, que j'ai dû faire en cours de lecture, m'ont presque gâté le plaisir trouvé à relire dans ce volume les poètes que j'aime et je souhaite pour le succès du livre, que cette impression me soit particulière.

PAUL SOUCHON.

L'ENFANT, par Joachim Gasquet (Edition du Pays de France).

On sait que le fondateur du *Pays de France*, qui fut l'un des premiers à saluer le Naturisme, attribue à la poésie une action civique et sacrée. Orphée, Amphyon, Tyrtée le séduisent davantage qu'Anacréon et que Tityre. Et l'ode est son langage instinctif, l'ode dans laquelle son lyrisme philosophique, ses qualités d'enthousiasme et d'éloquence peuvent s'exprimer sans entrave.

L'Enfant est un chant d'Amour, mais c'est un chant d'amour total. Sous ceux de l'amante, Gasquet fait miroiter les traits de l'épouse et de la mère. Dans l'enfant, il découvre la perfection de sa race, il y place toutes ses espérances de Renanien, tous ses désirs d'une génération plus forte, d'une humanité plus riche et plus splendide. Sa vision s'élargit et tandis qu'il étreint la chair d'or de l'épouse, c'est toute la cité qu'il épouse en vérité, c'est l'ordre même de la raison qu'il adore, c'est l'ensemble des possibilités futures dont il est plein qu'il entrevoit, tandis que l'obscur vertige des luxures saintes l'envahit et l'emporte.

Cette conception, qui était déjà visible dans *l'Epithalame* de M. Saint-Georges de Bouhélier (1), M. Gasquet l'a traduite dans un style poétique qu irappelle souvent Laprade et parfois le Marie-Joseph Chénier du ***Chant du Départ*** :

Ecoute moi... Ce soir s'ouvre profond et pur.
Le murmure des pins emplit le crépuscule
A peine si la nuit peut assombrir l'azur.
Laisse battre ton cœur, le mien tout entier brûle
Avec l'immense ciel sans astre. . Notre enfant
A bu ce sang de moi qui dans ton sang circule,
Il frappe de son front ton ventre triomphant.
O radieuse plaie ! O flancs ! Source sanglante !
Mon père dans ses bras tint ma mère tremblante,
Je recevrai le fruit de ta maternité
Déjà dans tes regards je vois mon fils qui brille.

Ah ! donne moi tes mains ! Qu'il vienne ! J'ai chanté !
Certitude de voir ! Humaine éternité
Notre amour prolongé de famille en famille.
Sa race croit Le ciel a béni notre ville
Enfin, j'ai pu bâtir les lois de ma raison
Dans les sûrs fondements d'une riche maison.

Gasquet a uni, dans ces poèmes, la raison d'un Sully Prudhomme à l'austère flamme d'un Auguste Barbier. Et certains accents que contient l'*Enfant* feront oublier à beaucoup de lecteurs les équivoques et les contradictions, les obscurités et les réticences, qui sont si visibles dans les commentaires critiques du même écrivain.

M. L.

---

(1) V. *Epithalame*, ces beaux vers :

Femme, vos flancs profonds, comme un beau temps l'abritent
Le Mystère éternel des races rayonnées
Pour restituer leur grâce à vos formes lassées
Soumettez-vous, ô femme sainte, au feu des rites.

Comme un statuaire pieux et farouche, je veux
Polir encor l'éclat de votre chair divine
Le bloc impur recouvre un blanc groupe de dieux
Que mon amour, un jour, fera naître à la vie.

LES REVUES

La Revue des Revues. Une intéressante étude de Paul Pottier sur la ***Psychologie des élections*** en France. Un article de Mauclair sur Rochegrosse, de Tolstoï un morceau ***à propos de l'assassinat du roi Humbert*** dont **La Revue Blanche** donne une traduction différente, un peu moins expurgée, en même temps que de jolies pages de Yan-Fou-Li : ***Quand j'étais en Chine.***

A **La Revue Socialiste**, la suite de la Philosophie de l'Histoire, de Ch. Rappoport. Rodin Social par Marius-Ary Leblond.

L'Effort. La suite du ***Petit Biribi***, de Jean Canora. De bonnes proses de Tessyl et de Codet ; des vers de Larguier.

Dans la **Vogue**, un essai sur Saint-Just, d'Edmond Pilon.

A **La Plume** : *Guide sentimental*, par Moréas, et d'excellentes photographies de Sarah Bernhardt.

Gallia d'octobre publie une enquête sur la décentralisation à laquelle ont répondu un certain nombre d'écrivains.

En général, la majorité considère comme un bien le mouvement fédéraliste et décentralisateur ; c'est notre avis, ainsi que l'ont exposé dans leurs réponses Saint-Georges de Bouhélier, Maurice Le Blond et Albert Fleury. Voir encore l'opinion de M. Louis Bertrand, ainsi que celles de MM. Louis Payen, Rosny, Touny-Lérys, Jean Viollis, etc.

Maurice Barrès a répondu dans le même sens, en donnant comme preuve de son esprit fédéraliste l'ouvrage qu'il écrivit à ce sujet *les Déracinés*. Mais cet ardent décentralisateur est nancéien ; que fait-il alors à Paris ? Combien sont-ils, d'ailleurs, les fédéralistes du Quartier-Latin, qui pérorent sur cette question dans les brasseries de la rive gauche ? Bonnes gens, on vous croira quand vous prêcherez d'exemple. En l'occurence, il n'est possible de prendre au sérieux que ceux qui restent dans leur province.

La Chronique des Livres est une revue de bibliographie intéressante.

Le Bulletin de l'Union pour l'Action morale et **La Grande France** publient simultanément le rapport de Gustave Geffroy au Congrès d'Education sociale.

A consulter dans **La Terre Nouvelle**, ***l'enquête sur les rapports de l'art et des religions.*** Voici deux conclusions :

« Il est inutile d'être catholique, protestant, boudhiste ou mahométan pour être un artiste, ce qu'il faut, c'est être un homme : avoir beaucoup souffert, beaucoup aimé, beaucoup pleuré (Eug. Montfort) »

« L'art et la poésie ne doivent jamais s'inspirer des religions périssantes, mais ils n'ont de vraie splendeur et de réelle vertu que s'ils inspirent, au contraire, les religions futures qui s'élaborent obscurément dans la conscience perfectible des races (Le Blond). »

Dans **Le Pays de France**, cette opinion :

« D'après ce que je vous ai dit jusqu'ici, comment considérez-vous M. Saint-Georges de Bouhélier ? Comme un grand homme, n'est-ce pas ? Eh bien, qu'est-ce qu'un grand homme ? Rien, croyez-moi, à côté d'un homme social. Or, M. Saint-Georges de Bouhélier est un homme social dans toute la plénitude du sens moderne de ce mot. »

Nous sommes du même avis.

JACQUES TISSIER.

La critique de la littérature hollandaise au MERCURE DE FRANCE. — Dans le *Mercure de France* d'octobre nous trouvons une critique par A. Cohen *sur une Œuvre hollandaise de M. Is Quérido.*

Le *Mercure* semblera quelque peu naïf aux lecteurs Néerlandais par l'insertion de cette note obscure sur l'un des plus vastes esprits parmi les jeunes littérateurs de Néerlande.

Pour M. Cohen, Multatuli a dit le dernier mot de la sagesse humaine et de l'art littéraire. Douwes Dekker fut pour lui le point culminant de tout ce qui a été et de tout ce qui sera. Cependant, malgré le talent que nous reconnaissons à l'auteur du *Max Havelaar* nous devons avouer que pour aujourd'hui, une littérature telle que la conçoivent les Quérido et les Heyermans toute empreinte d'humanité et de pensée universelle nous émeut davantage que les plaidoyers, entraînants certes, pour les indigènes des Indes Néerlandaises, ou les paradoxes sur l'athéïsme que Multatuli nous a laissés. Cette littérature qui fut si dangereuse pour les petits esprits prétentieux et excités, nous présente encore une de ses victimes en la personne de M. Alexandre Cohen. Mais ce M. Cohen, en sa qualité de critique littéraire ne doit pas ignorer sans doute ce que Quérido écrit sur Multatuli et ses imitateurs.

Profitant en France de son petit succès de polyglotte, M. Cohen a cru pouvoir s'adonner à la critique littéraire des œuvres étrangères sachant que pour différents pays dont il connaît la langue, ses jugements ne seraient pas contrôlés.

Il faudrait savoir le hollandais pour pouvoir apprécier ce que ce traducteur appelle une érudition que « l'instruction primaire obligatoire » a fait obtenir, (dans toute l'œuvre d'Is Quérido pleine de pensées, de sensations et d'émotion, **M.** Cohen, ne relève que l'érudition qui s'y trouve). Si l' « instruction primaire », est telle qu'elle permet à ses élèves d'écrire une étude sur le XVIIIe siècle comme celle que Quérido a donné dans le 1er volume de ses *Méditations sur la littérature et la vie*, il serait alors très à souhaiter que les Cohen en profitassent afin de meubler un peu leurs cervelles.

De ROSA.

De VlaamseSchool, d'Anvers, est toujours de texte intéressant et d'édition somptueuse. Au numéro de septembre une étude sérieuse sur les gothiques néerlandais de la National Gallery et des reproductions de très beaux Van Eyck et Memling.

ÉCHOS

Déplacements et villégiatures. — Dans le *Gotha français* une excellente façon de rédiger cette rubrique :

« La marquise de Saint-Paul est à Versailles : (*les marquis de Saint-Paul sont chimériques.*)

La vicomtesse de Trédern est au château de Missac. *Au nom de Trédern aucun titre n'est attaché.*)

Parmi les fidèles de Biarritz : la comtesse Boni de Castellane (*Les Boni de Castellane ne possèdent pas de titres*), la duchesse de Bojano (*qui s'appelle Thomas, dite duchesse de Bojano.*)

La comtesse Raoul de Chandon de Briailles est en Champagne. (*Nul n'ignore que la Maison Chandon de Briailles est éteinte, et que ceux qui portent ce nom n'y ont aucun droit.*) »

Quand verra-t-on *le Gaulois* confier ses « Déplacements et Villégiatures » à M. de Royer ?

Nouvelles militaires. — On annonce pour le 15 novembre le départ aux armées de MM. Léo Larguier, Jacques Bainville, Paul-Louis Garnier, soldats de 2e classe.

Notre protestation pour Camille Lemonnier. — Nous signalions le mois dernier le singulier procédé employé récemment : en faisant une protestation contre les poursuites dirigées en Belgique contre Georges Ekhoud, on s'était abstenu de protester également contre celles visant Camille Lemonnier.

Nous avons rédigé le texte suivant :

*Camille Lemonnier, le magnifique et illustre écrivain, dont l'activité littéraire fait la gloire de la Belgique, va être traduit devant les tribunaux de Bruges pour un livre de pure passion, intitulé l'*Homme en Amour, *étude profonde, écrite dans un esprit sérieux et réfléchi. L'œuvre incriminée est de celles qui méritent l'admiration.*

Les écrivains français soussignés envoient à Camille Lemonnier le témoignage de leur constante et haute estime et regrettent que la liberté ne soit pas acquise à l'art :

Ont signé :

Paul Hervieu, Octave Mirbeau, J.-H. Rosny, Paul Adam, Jules Case, Georges Courteline, Catulle Mendès, Léon Dierx, Emile Zola, Emile Bergerat, Henri Bauer, Marni, Fernand Gregh, Fernand Vandérem, Alfred Capus, Eugène Montfort, Hugues Rebell, Jean de Mitty, Félix Fénéon, Paul Brulat, Saint-Georges de Bouhélier, Henry Leyret, Adolphe Retté, Georges Deherme, Léon Blum, Maurice Le Blond, Alexandre Natanson, Thadée Natanson, Maurice Magre, Jean Viollis, Albert Fleury, Félicien Fagus, Alfred Attys, Andriès de Rosa, Marc Lafargue, Pierre Soulaine, de Nittis, Amédée Boyer, Emmanuel Delbousquet, Henri de Bruchard, Tristan Klingsor, René Loudet, de Janasz, Fernand Caussy, François Perilhou, Paul Souchon, Léon Bazalgette, Mardrus, René Maizeroy, Octave Uzanne, Léopold Lacour, Pierre Valdagne, François de Nion, Henri Ferrari, L.-Xavier de Ricard, Abel Hermant, Daniel Riche, Léonce de Larmandie, Gabriel Montoya, Emile Goudeau, Louis Dépret, Maurice Montégut, Raymond Marival, Jean Canora, Dubut de Laforest, Abert Maybon, Robert de Miranda, André Beaunier, Eugène Soubeyre, Maurice Leblanc, Charles Raymond, Jean Reibrach, Georges de Peyrebrune, Maurice Beaubourg, Emile Macquart, Pierre Massonni, Ernest Tissot, Gaston Derys, Yann Morvran, Judith Cladel, Henry Rainaldy, Léon Bailby, Henry de Braisne, Ossip Lourié, Marc Legrand, Henry Detouche.

Jugé le mardi 30 octobre, Camille Lemonnier a été acquitté.

Un Livre sur la Presse. — C'est le roman de Paul Brulat qui paraît ces jour-ci, intitulé ironiquement *La Faiseuse de Gloire*. Œuvre terrible, amère et vengeresse que liront avec curiosité, tous ceux qui se sont intéressés à notre Enquête sur la Presse contemporaine.

Le Congrès de la Jeunesse. — Le Congrès de la Jeunesse se réunira le 1er et le 2 décembre dans la grande salle de la mairie de la Place Saint-Sulpice mise obligeamment à sa disposition par M. le Maire du VIe arrondissement.

Hippolyte Taine contre Charles Maurras. — Nous acceptons Taine tout entier, écrivait M. Charles Maurrâs, dans un article du *Soleil* où il me répond. C'est de ce grand philosophe que les théoriciens de la monarchie doivent se réclamer. C'est lui le père, le précurseur, le héros. Malheureusement cette affirmation constitue une erreur. Taine est antimonarchiste. Nous l'avons prouvé déjà en publiant ici même une importante page découpée dans l'admirable étude sur Balzac. Aujourd'hui nous ouvrirons *les Origines de la France contemporaine* et nous y lirons pour l'édification de M. Maurras les passages suivants :

« Deux choses sont pernicieuses à l'homme, le manque d'occupation et le *manque de frein*, ni l'oisiveté ni *la toute puissance* ne sont *conformes à sa nature* et *le prince absolu* qui peut tout faire, comme l'aristocratie désœuvrée qui n'a rien à faire, finit par devenir *inutile et malfaisant*.

... *En accaparant tous les pouvoirs, le roi s'est chargé de toutes les fonctions, tâche immense* et qui *surpasse les forces humaines*... En effet, par sa complication, son irrégularité et sa grandeur, *la machine échappe à ses prises*. Un Frédéric II levé à quatre heures du matin, un Napoléon qui dicte une partie de la nuit dans son bain et travaille dix-huit heures par jour, y suffiraient à peine. Un tel régime ne va point sans une attention toujours tendue, sans une énergie infatigable, sans un discernement infaillible, sans une sévérité militaire, *sans un génie supérieur*. »

Devons-nous nous arrêter sur ces phrases qui, par ricochet, sont si cruelles pour Monsieur le duc d'Orléans ? Nous aurions tort, car dans ce même chapitre (La Structure de la Société) Taine écrit plus loin :

« Non seulement, par la tradition du moyen âge, il

(Le Roi) est commandant propriétaire des français et de la France, mais encore par la théorie des légistes, il est comme César, l'unique et perpétuel représentant de la nation et par la doctrine des théologiens, il est comme David, le délégué spécial et sacré de Dieu lui-même. *En ceci, notre point de vue est si opposé, que nous avons de la peine à nous mettre au sien.*

Voilà qui est définitif. Le débat est clos, la cause est entendue. Il nous reste à regretter que M. Maurras ne connaisse l'œuvre de Taine qu'à travers les écrits de M. Bourget. Ce sera pour bien des gens une grande désillusion.

La Bibliothèque du Sénat. — Maurice Barrès demandait l'autre jour qu'on instituât des sinécures pour les poètes. « Au sénat, disait-il, on devrait nommer des bibliothécaires honoraires : deux poètes, deux pensionnés à qui il serait à peu près interdit de pénétrer au Luxembourg, sinon le 1er janvier, pour saluer le président, et le 30 de chaque mois pour la formalité de la caisse. » En attendant, on devrait bien donner le poste vacant de bibliothécaire à l'exquis poète Léon Dierx, dont l'Etat ne s'est encore jamais soucié, et qui est pourtant une des plus pures gloires de notre poésie contemporaine.

Le Collège d'Esthétique moderne s'ouvrira très prochainement à Montmartre. Destiné à faire l'éducation supérieure des sensibilités, il a déjà réuni les maîtres les plus autorisés de la pensée contemporaine ; poètes, peintres, musiciens, sculpteurs assisteront aux conférences du Collège d'Esthétique qui ne manqueront pas d'avoir une profonde influence sur les directions de l'Art prochain.

Secrétaire général : Maurice Le Blond, 80, rue des Martyrs.

Primes à nos Abonnés. — Le 15 décembre prochain, la *Revue Naturiste* entrera dans sa 3e année. A cette occasion, nous offrons des primes à nos abonnés (voir la couverture).

LOUIS COUSIN.

Le Gérant : Emile PIVOTEAU, Imprimeur, à Saint-Amand (Cher)

CHANT A KRUGER

Dans la haute et rocheuse région où s'était fixée ta tribu, ô Patriarche, des maisons de plâtre et de chaux abritaient ton silence sauvage, ta méditation domestique, ton rêve sacré. Et sur l'horizon des labours, l'atmosphère des tropiques luisait, âpre et violette. Et des nuées d'une sombre épaisseur, des trombes de fumée et de foudre, de massives et opaques clartés encombraient le vide recourbé et creux du ciel. Et les nuits avaient une grande paix dans l'étendue. La félicité y régnait à tout instant. Et toi, tu jouissais en repos de la sagesse ! — C'est alors qu'est venue ici la sombre guerre !...

Changeant l'harmonie en discorde, l'amour en haine et la songerie en force d'action, cette furie à tout bouleversé sur son passage. Et hurlante, terrible, impétueuse, la déroute bientôt l'a suivie parmi cette terre. Et les peuples se sont élancés avec violence. Bien des hommes se sont déchargés de leur pâle vie, et comme des sacs fendus en deux, répandent leur contenu sur le sol, on les a vu verser leur sang dans les ténèbres, — près des précipices d'ocre et d'or, — le long des montagnes agitées de convulsions. — Et ce sont là des témoignages de tout ce que laisse après elle la sombre guerre !

O les incendies dévorant tous les villages ! O les fermes dont les murs s'effondrent, blanchis, noircis ! Les greniers vides des moissons, les granges, les fours à cuire le pain, les laiteries, les fabriques rustiques, ô destruction ! L'abandon des choses familiales ! Et la dispersion des tribus errant sans cesse ! O le bruit de cette marche nomade parmi les rocs, sous le poids des nuages à pic, à travers les bouillantes carrières d'ombre et de soufre, — toutes les péripéties d'uue guerre, — d'une sombre guerre !

II

Ensuite, ayant vu s'accomplir ces catastrophes, ô grand vieillard, tu as consenti à quitter ta sainte patrie, et à partir loin de ton peuple, à devenir son messager après avoir été longtemps son conducteur. Alors il a fallu laisser ton pâle foyer. Solitaire, tu as pris la mer afin de te rendre dans l'exil de l'univers. Et tu t'es dressé en silence, ô noble Roi, dans une attitude d'équité irréductible, avec l'indomptable énergie de la justice ! — Nul n'a su ce que tu pensais parmi la mer.

A quelles choses as-tu réfléchi pendant ces jours? Oh ! je t'appellerai vraiment sage, car sans doute toi seul le mérite ce titre parfait. O homme, l'as-tu fait oui ou non le tour des âmes ? As-tu compris et pressenti le sens du monde ? Certainement tu as découvert des vérités. Et conduit avec certitude par la raison, ah ! dans quel cercle d'horreurs lugubre as-tu marché, et pour aboutir à quel terme et à quel but ? Dans des sphéres de vie ou de mort, tu es descendu, t'enfonçant de plus en plus, comme le long des parois aigues d'un gouffre amer. Et les noires ténèbres t'enveloppaient de leurs spirales, et la nuit devènait sans cesse plus pathétique, et les ombres tournaient d'un mouvement retentissant ! — lorsque autour de toi bouillonnait la verte mer !

Certainement ce fut à ton peuple que toujours revenaient tes pensées pleines d'affliction, oui ce fut à ta rouge patrie, — à tes montages enflées de plomb et de minerai, — aux excavations de tes grottes étincelantes d'eau, — à tes horizons de prairies hautes et épaisses, — à la concorde et à la paix des temps anciens, aux chocs nouveaux de la terreur et de la haine, à la dévastation enfin, et à la mort qui passe soudain dans un grand bruit, terrible, l'air hagard, tumultueuse, toute hérissée et proférant des cris épars. — C'est ainsi que tu méditais parmi la mer...

III

O Héros, te voici maintenant sur notre terre ! Et les hommes y honorent ta gloire et ton malheur. Ils t'entourent de transports, de joie parce qu'il leur a été donné de te considérer vivant au milieu d'eux. Ils résonnent tous comme des cymbales en ta présence. Mais toi, combien tu demeures triste, ô pâle aïeul ! Tandis qu'ils te saluent de chants, ton tragique et massif visage reste immobile. Aucun de ces applaudissements ne te contente. C'est qu'étant fêté et glorieux, enveloppé des jubilations d'une foule dansante, tu ne détaches pas ta pensée de ton armée, de ton pauvre et douloureux peuple, dont le dernier souffle est en toi en ce moment, et que tu entends à travers toutes les distances, au loin, parmi un lourd chaos d'herbes et de rocs, et dont la plainte te frappe bien plus que tout ce vent !...

Ils se précipitent devant toi, ils te célèbrent par les accents de leur amour, ils disent que tu es admirable et vénérable. Et ils ne semblent pas soupçonner que cette allégresse t'est pénible et te désole ! Ils jettent des fleurs sur ton passage comme si tu étais victorieux et triomphant ! Et ils ne songent pas que là-bas, au milieu d'une terre malheureuse, gisent des multitudes d'êtres sans vie, d'humbles grands corps tout accablés, enduits d'une croûte de boue glaciale, gluants de caillots de sang rouge, et devenus à peu près creux à cause des entrailles déchargées dans la poussière, — à travers la vaste étendue où roule le vent !

Et ils ont le cœur de te dire d'entrer chez eux, ils ornent leur seuil de guirlandes vives, ils te présentent de beaux bouquets. Et à toi qui ne possède plus aucun asile, ils montrent leurs reluisantes maisons, ils en ouvrent les portes devant toi, et ils veulent t'y faire pénétrer, afin que tu admires leur charme et leur richesse ! Ils t'environnent d'une allégresse retentissante ? Ils ne savent donc pas à quel point tu aspires au silence de la méditation. Ils font précéder ta venue d'un bruit de fête, d'une rumeur de béatitude et de victoire qui en toi résonne et s'épanche comme un chant triste. Ils te glorifient par toutes sortes d'action de grâces, mais il vaudrait mieux que ce fut par des actions. Cependant les acclamations tonnent constamment, des fanfares ébranlent les espaces de leurs voix fortes. Et tu passes sans cesse entouré par l'exaltation grandissante de tous les peuples. Mais quoi ! Les musiques, après tout, ce n'est rien qu'un son fugitif, un peu de vent !...

IV

O Héros, ô vieillard auguste et vénérable, est-il vrai que tu partiras sans avoir rencontré nulle part la sainte justice ? Est-ce une chose réellement possible en vérité ? Non, tu n'es pas venu en vain. Il ne te fera pas défaut l'appui des peuples. Il ne sera pas dit qu'ils t'auront acclamé sans prendre plus de souci maintenant de tes destins. Et elle ne t'aura pas trompé l'espérance qui t'a fait marcher vers notre terre, vers notre amour, vers notre ardeur, vers notre culte de la vertu le plus sublime, ta ferme et puissante espérance forte comme l'airain.

Parle d'une voix haute, fais entendre au monde tout entier ton droit solide, emplis l'univers des accents de ton désir, que tes paroles soient toutes gonflées de la plainte et de l'émotion de ta patrie ! O Père antique, ô Pontife consacré et magnifique, ô toi qui as créé ton peuple, ô grave et pur et religieux législateur, invinciblement, lourdement, d'un ton impossible à briser, réclame la vie, exige l'existence pour tes fils, pour tes enfants, pour tes épouses et pour tes sœurs, car ta race est cela par rapport à toi même, répète ta harangue suppliante et despotique, renouvelle ton invocation, ton chant de foi. — Et que ce soit à tout moment, avec une violence indomptable, une âme d'airain !

Ah ! quand tu reprendras la mer afin de retourner chez toi, parmi ton pays de rochers et de volcans, puisse-tu rapporter à ton peuple ce qu'il demande ! Pour nous et pour la vérité, il faut que tu ne t'en ailles point sans avoir obtenu autre chose qu'un bruit inutile et fugace d'acclamations ! Dieu ! obtiens la justice, ô Prêtre, conserve ton droit, ô Créatéur, sois triomphant par l'équité et la vertu ! Dans ta patrie où si longtemps tu as vécu avec un peuple partiarcal, que tes maisons soient rebâties, que tes fermes s'élèvent de nouveau sur les prairies, que tes montagnes brillent de lumière et de violettes, que tes monts étincellent d'herbages gras et amers, que tes richesses se multiplient à tout instant. Non, il ne se peut pas, ô sage, que se brise ta sainte espérance, ta défaite entrainerait la nôtre à tout jamais, et la justice doit vaincre enfin, — car elle est plus forte que toute loi, — la justice solide, inflexible comme de l'airain !

SAINT-GEORGES DE BOUHÉLIER.

24 Novembre 1900.

L'HEURE DES LARMES

Près de moi la Forêt palpitante pleurait.
Son cœur sombre épanchait, comme une urne qu'on penche,
Des larmes que buvaient les camomilles blanches,
Et, prosterné d'amour, j'ai dit à la Forêt :

— « Vierge aimante, toi dont les gestes de lumière
Ont pavoisé d'éclairs plus doux l'azur vieilli,
Tu charmes les oiseaux aux portes des rivières,
Ta robe porte un printemps d'aube dans ses plis.

L'âme des frênes blancs habite ton alcôve,
Et quand s'éteint l'adieu de la vallée qui meurt
En toi prie une mer d'adorantes rumeurs :
La Nuit s'enchante au parfum pur de tes yeux mauves

Sous les barivolants trophées des feuilles vertes
L'herbe chante aux baisers de tes yeux agrandis,
D'hymnes d'astres la Nuit sublime t'a couverte,
Et sur un lit d'asphodèles tu resplendis.

Ta voix, amignonnée comme une voix de femme,
Soupire avec la source et le lierre amoureux
Et puis confie aux fleurs les paroles de flamme
Que disent, en priant, les ramereaux entre eux.

L'été t'a couronnée de roses immolées,
Plus grondantes d'azur que celles de Sorrente !
— O le murmure des genêts agenouillés
Devant l'humide éclat de ta beauté pleurante !

*
* *

Bénissante, tu tiens tes longs voiles baissés
Pour peupler de ramiers les cabanes berçantes,
Et tu me dictes, quand j'implore une aube absente,
Les hymnes que la brise heureuse a balancés.

Or, pour te saluer mes mains se sont fleuries
De la neige qui tonne aux cimes des buissons.
Les sauges m'ont appris tes lyriques leçons :
Je t'apporte le rêve embaumé des prairies !

Que mes clartés de tes alarmes te guérissent
Toi dont j'ai bu la pure joie de ton aveu !
Sur mon timide luth pose ta lèvre en feu
Pour que dans cette nuit d'hymen un chant mûrisse ! »

*
* *

Et la déesse, aux bras lumineux, murmura :
— « Elle est douce l'heure d'amour que ta voix sonne
Comme un baiser de brise aux branches bleues des aulnes !
Viens : mon lit fait de fleurs t'offre ses vierges draps.

Vers toi mes seins d'élans brillent, comme à l'approche
Du dieu qui d'un divin baiser les sculptera !
Les colombes sacrées sont descendues des roches,
Rien n'égale le charme immortel de mes bras.

Déjà, comme des yeux s'éveillent les lampyres
— Ces diamants de ciel qui parent mes pieds nus !
Par le chemin des bruyères tu es venu,
Bois la mélancolie que cette nuit m'inspire !

Entends gémir les fleurs que ma tristesse effleure,
Toute ma chevelure embaume le gaulis !
Je t'embrase ton âme aux larmes que je pleure :
Ton chant naîtra de la lumière de mes lys.

L'amour te vêt de la grâce que je portais
Mais ton désir s'ombrage à ma pudeur d'amante.
Les étoiles ce soir te seront plus clémente,
Quand je pleure le chœur des ménades se tait.

Dans le vent tremble et meurt leur amoureuse antienne...
Et, te voyant si pâle au pied de ma douleur,
Comme pour mieux unir ma douceur à la tienne,
Je répands sur tes mains la rosée de mes pleurs ! »

MICHEL ABADIE.

VARIATIONS SUR LA LITTÉRATURE

VIII

MAURICE LE BLOND

Ce n'est pas à propos d'un livre que je vais parler de Maurice Le Blond, mais à propos d'une œuvre qui aura plus d'action et d'influence que n'en pourraient avoir vingt livres, à propos de ce Collège d'Esthétique Moderne devant lequel s'ouvre un si bel avenir et qui est sorti de lui tout entier.

Ce qu'il faut remarquer d'abord en Maurice Le Blond, c'est son esprit de suite. Depuis bientôt huit ans qu'il écrit, il ne s'est pas contredit une fois. Voilà un bel exemple pour notre ami Gasquet. Dans ces recueils si curieux de l'*Assomption*, de l'*Académie Française*, du *Rêve et l'Idée*, on voit se dévolopper logiquement et sans heurt son jeune talent, puis c'est dans les *Documents sur le Naturisme*, dans son année de critique à la *Plume*, enfin ici-même que ses idées sont exprimées, répétées chaque jour avec plus de force. Il a combattu le symbolisme et la littérature artificielle, exalté le panthéisme et la vie en Zola, puis d'accord avec cette attitude littéraire voulue par sa nature, il a pris parti pour Dreyfus contre les fabricants d'obscurité, plus tard il a lutté pour la santé publique en attaquant des journaux d'empoisonneurs comme la *Libre Parole*, en ouvrant cette enquête sur la Presse qui demeurera un document unique sur la corruption actuelle du journal. Aujourd'hui enfin il organise cet admirable instrument d'action morale qui s'appelle le Collège d'Esthétique Moderne.

*
* *

L'unité de pensée de Le Blond qui indique un cerveau droit et plein de force, vient également de son caractère, caractère de foi. L'auteur de l'*Essai sur le Naturisme* possède une grande foi. Cette foi éclaire toutes ses idées, source elle jaillit au milieu de chacune d'elles. Elle le passionne, fait vivre et nourrit son imagination, empêche son effort de se disperser, et comme un lien réunit solidement dans un faisceau toutes les conséquences de sa pensée.

Vraiment doué pour l'action, Le Blond n'a qu'un but. Mais comme il est riche d'intelligence, il l'exprime sous toutes ses formes, le présente sous tous ses aspects.

*
* *

Aussi l'estime-t-on partout. Ses adversaires qu'il a les plus fortement égratignés ne peuvent pas s'empêcher de le respecter, car ils sentent à quel point il est sincère. Il a donc de l'autorité, on le suit avec attention, nos camarades comme nos aînés et comme nos maîtres. Nul doute qu'il ne doive cette attention à la foi que l'on voit en lui.

Il a compris l'art comme une religion, le critique comme un prêtre. Pour lui la littérature n'est pas un jeu, elle doit participer profondément à la vie sociale, elle doit influer sur la constitution des lois et sur les mœurs ; le poète est le porte-parole de la sagesse humaine, le critique deviendra son gardien, son défenseur, son soldat.

Cette conception engendre le fanatisme. Et le critique qui se la forme de lui-même, peut devenir un Ravaillac, un Marat, un Emile Henry, aussi bien qu'un Saint-François. C'est dans l'intérêt supérieur de l'humanité qu'il agit. Il devient le sectaire de la beauté, il est prêt à s'immoler, à se sacrifier pour elle comme l'hindou qui dans un délire divin se jette sous les roues du char sacré de Djaguernat.

Alors comme il devient grand, comme il s'élève ! Les idées pour lui sont vraiment de la matière vivante, véritablement ses amies et ses ennemies. Il lutte contre elles, en suffoquant cherche à les terrasser, ou bien il les soutient, les protège, les caresse et les chérit comme ses maîtresses.

Le Blond est un être de dévouement à un homme, à une idée, à une cause. Il a défendu le

Naturisme avec amour, il l'a prêché comme un système sacré, il a fait pour lui la guerre sainte. Et malgré tous les partis-pris on l'a écouté. Son don remarquable pour exposer les idées, la modération et la justesse de ses termes, la logique de sa pensée lui confèrent une belle force de persuasion.

Pour bien comprendre le caractère de notre critique relisons ces lignes qu'il écrivait dans la *Revue Naturiste* il y a plus de trois ans :

« *Pour moi, je fus toujours enclin à admirer chez un homme les traits puissants qui font de lui un sectaire. Le sectaire n'aspire uniquement qu'a devenir l'incarnation d'une doctrine. Il nourrit ses chimères de son sang, et il leur sacrifierait jusqu'à sa chair. Il devient en vérité l'emblême et la statue vivante d'une idée, et son visage véritable disparait pour devenir l'effigie violente et humaine d'une passion.* (1) »

***

On conçoit qu'un homme aussi passionné, fanatique, se plaise à vivre. Et l'on s'explique son grand amour de la vie. Qu'elle est intéressante pour lui en effet ! Comme un père il tient au monde par une quantité d'enfants sortis de sa chair : il regarde ses idées, il les voit naître, se développer, prendre de la force, s'introduire

(1) Le sectaire dans les Arts. tome I, p. 267.

dans certain milieux fermés, les conquérir, agir sur les uns et les autres, vivre enfin ! Il est le centre d'une grande agitation qui est née de lui, qu'il suit avec curiosité et avec tendresse. Comment cet homme là n'aimerait-il pas sa vie si féconde et si belle ? Comment n'aurait-il pas été amené à combattre les littérateurs artificiels, les symbolistes, les poètes restreints et rétrécis, les êtres faibles sans foi ni direction ?

*
* *

Notre ami Le Blond est un critique d'idées, il ne sépare pas un poète de l'ensemble d'idées qu'il représente, il ne voit pas un homme seul, mais au milieu de toute la famille d'esprits dont il est sorti. Cela donne beaucoup d'ampleur à sa critique.

Ainsi, il s'occupera davantage des idées que de la vie même et des sentiments de l'auteur dont il parle, car ce qu'il veut surtout c'est définir le point de l'évolution morale et intellectuelle de l'humanité qu'exprime l'écrivain examiné, voir si celui-ci est au même niveau que nous ou en arrière, et aussitôt montrer l'excellence d'une marche en avant.

Considérer ce que représente un homme plutôt que ce qu'il est réellement, conduit presque toujours à composer un personnage plus idéal que réel, à modifier sa figure, souvent à la grossir et à l'exagérer. Mais quel excellent moyen de confronter des idées, des systèmes, des méthodes ! Comme Le Blond sait donner du charme à cet exercice, et rendre d'une lecture attachante, si claire, si délicate et puissante à la fois, la moindre de ses études !

*
* *

Il est beau d'être fanatique, car le fanatisme exige une grande valeur morale. Il demande beaucoup d'amour. D'ailleurs la beauté intérieure du fanatique n'échappe à personne : son ascendant sur tous est sensible.

Certes le fanatisme obscurcit l'intelligence, il crée l'exclusivisme, l'esprit de parti qui s'oppose à l'esprit scientifique et de libre examen. N'importe ! Quoi de plus beau que l'inintelligence et l'injustice de l'amour ? Etre passionné pour une seule chose exige une âme plus rare que d'aimer doucement bien des choses différentes, comme le dilettante dont aucune passion ne borne d'aucun côté la vue intellectuelle, mais qui dépense si peu d'amour ! Oui, nous serons injustes, étant passionnés, et nous serons heureux de l'être !

Si nous comprenons mal quelque chose, ne l'aimant pas, nous comprendrons d'autant mieux, de tout notre amour, autre chose. « Je n'ai jamais aimé qu'une seule femme, dit un personnage d'*Anna Karénine*. Eh bien ! je connais mieux les femmes que vous qui les aimez toutes. »

EUGÈNE MONTFORT.

L'AMANT

Quand nous serons unis, aux soirs de doux mystère
où l'on rêve le front posé entre les mains,
nous nous rappellerons le soleil du matin
qui nous bénit pieusement, amante chère.

Près de nous passera la vie triste et cruelle,
et nous serons assis comme ces voyageurs
qui regardent couler sous leurs pieds la rivière
et craignent le chemin de la peine et des pleurs.

Nous aussi nous craindrons un peu la route grise
où ta jeunesse ardente et folle nous mena,
ces rochers escarpés où ton désir monta,
et le tournant fatal où plus d'un cœur se brise.

Mais nous serons les ouvriers pieux et forts
qui s'accouplent devant les tâches difficiles,
ceux dont les bras musclés font mouvoir les usines
et qui portent le soir au foyer du bois mort.

Nous serons ceux dont le cœur jeune est plein de rêve,
ceux qui chantent d'avoir dans leurs mains quelques fleurs ;
ceux dont l'amour est clair comme les blanches grèves
et qui parlent avec espoir de jours meilleurs.

Des enfants soutiendront nos énergies mourantes,
comme le chaud soleil qui bénit le printemps...
et le soir, réunis aux clartés de la lampe,
tu leur raconteras la vie des pauvres gens.

Leurs yeux regarderont tes yeux à travers l'ombre,
et parfois ils diront des mots vagues et doux,
puis leur front s'appesantira sur tes genoux
et tu les porteras dans les grands rideaux sombres.

Tu leur diras aussi qu'il faut aimer les hommes
car la vie est pénible à ceux qu'on n'aime pas;
et plus tard ils mettront la force de leurs bras
aux glorieux travaux qui nourrissent les pauvres.

— Et lorsque nous serons trop faibles, que la nuit
posera sur nos fronts son froid manteau de pierre,
nous songerons au cœur noble et grand de nos fils,
et dans nos pauvres yeux brillera la lumière.

TOUNY LÉRYS.

SUR L'ÉVOLUTION

DE LA

LITTÉRATURE CONTEMPORAINE (1)

Messieurs,

Pour parler de la littérature contemporaine, de ses aspirations, de sa logique, il faudrait remonter au début même de ce siècle. Outre que cet exposé serait long et dépasserait les limites du travail que nous nous proposons ici, maintes fois déjà il a été fait. Tous nous connaissons le vigoureux effort romantique, fils artistique de la Révolution ; ce n'est plus aujourd'hui le temps d'étudier les causes de ce mouvement intellectuel qui voulut libérer l'expression de la pensée, aussi bien que la pensée elle-même, des dogmes, des conventions et de toutes les conceptions surannées et vieillies des imitateurs des classiques. Ce fut une poussée d'affranchissement salutaire et indispensable. Logique d'ailleurs, car il ne pouvait surgir d'autre formule d'art après ce magnifique dix-huitième siècle, que nous aimons à considérer comme le siècle français par excellence, bien plus que son auguste prédécesseur dont la pompe ampoulée n'a réussi qu'à nous léguer diverses adaptations des grecs ou des latins. C'est ainsi, Messieurs, que

(1) Rapport lu au Congrès de la Jeunesse, le 2 décembre dernier.

nous faisons dater le génie de notre race du grand mouvement philosophique qui, aux environs de 1770, détermina la direction de notre esprit et créa réellement les éléments constitutifs de la Société moderne. Mais cela, nul ne l'ignore, et nous le mentionnons moins pour l'affirmer que pour la justification des tendances actuelles, auxquelles il ne faut chercher d'autres sources que celles mêmes de la Révolution française.

Le point capital par lequel se différencie le XIXe siècle des précédents est la lente poussée de toutes ses expressions vers la vie. Jusqu'à lui, les arts ne furent considérés en général que comme l'agréable divertissement des oisifs ; la peinture, la musique, la littérature étaient les ornements d'une aristocratie frivole. Les tableaux ornaient les galeries de Versailles, les musiciens composaient des ballets pour la Cour et les poètes dramatiques lui fournissaient des « divertissements ». Jamais on n'avait imaginé que les travaux de l'esprit pussent avoir une importance essentielle sur le gouvernement des hommes. En prétendant, à l'instant, que notre siècle introduisit les arts dans le domaine de la vie, ce fût peut-être s'exprimer imparfaitement ; car les classiques expriment aussi les rapports des hommes entre eux, mais d'une manière tellement restreinte que leurs résultats moralisateurs furent presque nuls. Le royal milieu, dans lequel ils vivaient, leur offrit la plupart de leurs modèles ; et si l'on ne peut nier que leur style bénéficia de l'élégance, de la richesse et du magnifique maintien de la Cour de Louis XIV, on doit reconnaître de même que leur esprit, leur âme, leurs vues sur l'univers et les passions humaines se ressentirent singulièrement de l'étroitesse des limites d'une société si relative. Ils peignirent bien les hommes, ils empruntèrent bien leurs tableaux à la vie mais ils ne songèrent peut-être point que les courtisans n'étaient que l'infime minorité sociale, et que leur vie ne descendait pas dans les rues, sinon en carrosse. C'est ainsi que nous pouvons prétendre que l'art de ces époques n'exprima point la vie, en ce qu'elle a de général, ni la totalité de l'âme humaine. Par l'effort de 1789, il a été permis aux penseurs et aux écrivains d'embrasser un plus vaste horizon. C'est alors seulement qu'on a commencé à comprendre l'intérêt que pouvait contenir la foule ; et bien que, depuis Victor Hugo et *les Misérables*, on se soit avancé à de très-grandes distances, il faut néanmoins prendre la date de cette œuvre, qui marque la première étape d'une route dont aujourd'hui les bornes sont innombrables. Peu à peu, cette terre d'émotions une fois découverte, les formules succédant aux formules, le roman put agrandir son cercle, et, se dégageant d'une spécialisation trop littéraire, en vint à puiser ses éléments primordiaux, sa morale et son sentiment de la science elle-même.

Du jour où Emile Zola instaura son « roman expérimental » il fit plus qu'une révolution littéraire, il proclama, pour des lendemains plus ou moins proches, l'absolue fausseté des catégories, il nous révéla que les mots *Poète*, *Philosophe*, *Romancier*, *Chimiste*, *Médecin*, ne différaient qu'en apparence et que la réalité des choses les confondait tous en un seul être, multiple et unique, Protée des temps modernes, ayant pour fonction de guider l'humanité vers la lumière. Ainsi l'on comprit que, pour travailler dans du marbre, des alambics, des rythmes ou des idées métaphysiques, le statuaire, le savant, le musicien, le philosophe ne pétrissaient tous que la même matière : la Pensée humaine. Voilà le grand effort de cette époque. Messieurs, voilà la seule fraternité qu'il soit en notre pouvoir de proclamer. Pour comprendre cela, peu de chose suffisait : un regard sur nous-mêmes nous montrait la parfaite concordance harmonique des actes de tous nos membres, mais il fallait réfléchir sur ce regard. Les arts de ce siècle ont donc tous évolué vers la vie, et cela. parce qu'ils se mêlèrent à elle ; et, phénomène d'une admirable logique, en puisant en elle leurs meilleurs éléments, en progressant de cette communion, ils lui rendirent en beauté, en force et en éternité ce qu'elle leur avait communiqué en ardeur. Les arts participant désormais de l'évolution générale, cette dernière participe également d'eux, et les progrès des races sont intimement liés à l'épanouissement des chefs-d'œuvre.

Nous devons cependant reconnaître que cette compréhension des choses rencontra quelques obstacles, et que si, aujourd'hui le fait en est acquis, ce ne fut point sans lutte. Par cela même qu'elle surgissait comme une force, il était nécessaire à son affirmation qu'elle eut à vaincre. La bataille se livra voilà quelque dix ans. Bien qu'actuellement cela ne soit qu'un souvenir, il est important de le mentionner, pour l'expression littéraire de cette idée qui devait amener de si grands changements dans le monde de la pensée, il fallait adopter une formule, se différenciant complètement, par son essence même, de celles qui l'avaient précédée. Emile Zola formula son intention par un mot : *Naturalisme*. Par opposition, on inventa le *Symbolisme*. Conçu comme moyen de réaction, le programme de cette école ne devait évidemment laisser qu'un nombre d'œuvres infime ; il fut plus fécond en polémiques, en critiques et en attaques qu'en réalisations. Néanmoins, malgré le peu de pouvoir d'un tel mouvement, il réussit pour quelques temps à égarer nombre d'esprits. Un arrêt sembla ainsi se produire dans la marche magnifique qui s'était ouverte. Mais ce n'était qu'en apparence. De rudes ouvriers avaient entrepris une lourde besogne, et silencieusement des œuvres s'ébauchaient de toutes parts. Partout, en musique, en peinture, en sculpture, on suivait la route tracée par les écrivains ; Bruneau, Charpentier, Claude Monet, Rodin marchaient parallèlement vers un même but. Le théâtre lui-même évoluait, avec Antoine, vers un art audacieux de vérité et d'émotion. Peu à peu, s'étant fait une conscience plus éclairée de ces diverses aspirations, on sentit la nécessité d'un envisagement plus général encore. Il fallait à nos désirs un art aussi complet qu'il nous était possible d'imaginer après la révolution romantique et la révolution naturaliste. Nous sentions qu'un pas restait à faire et nous en devinions la direction. La littérature était parvenue à être presque une expression sociale, il la fallait plus humaine, il était nécessaire qu'elle devint religieuse. Non point religieuse (est-il besoin de le dire ?) au sens restreint que les âmes faibles attachent à ce mot. L'idée d'une conception nouvelle de la divinité ayant envahi nos esprits, et toute glorification d'un dieu se nommant religion, la seule épithète pouvant caractériser notre pensée entière ne pouvait être que celle-là.

Après tant de siècles et de croyances, un dieu nouveau venait effectivement de se révéler au monde, il fallait que ce dieu fut célébré magnifiquement ; l'idée créatrice se transposait enfin du ciel hypothétique à la réalité universelle, et s'incarnait définitivement en l'Homme.

C'est alors que naquit le *Naturisme*.

Et c'est à son sujet, Messieurs, que nous voudrions entrer dans quelque développement, car depuis qu'un certain nombre de jeunes hommes se sont orientés en ce sens, il a été répandu de trop lourdes erreurs, qui ont trouvé crédit chez beaucoup d'esprits prévenus ou non ; et il en est résulté de tels malentendus, qu'il serait peut-être utile de les dissiper en remettant les évènements à leur juste place.

(*A suivre*) ALBERT FLEURY.

LE COLLÈGE D'ESTHÉTIQUE
ET
L'OPINION

Sur la simple annonce qu'il allait faire son ouverture, le Collège d'Esthétique a déjà réussi à émouvoir l'opinion, à exciter son intérêt et sa curiosité. Nous avons vu venir à nous des âmes magnifiques et ignorées, des rêveurs isolés et pleins de foi, dont l'existence nous était inconnue et qui nous ont ravi par la pureté de leur flamme. De tels concours si ardents et si désintéressés nous encouragent dans la réalisation de notre cause, dans la poursuite de notre apostolat.

La presse non plus n'est pas restée indifférente, elle a commenté longuement notre idée, elle a annoncé notre projet en des termes pleins de sympathie, de bienveillance, et nous serions injustes de ne point remercier nos amis du *Figaro*, de l'*Aurore*, de la *Petite République*, du *Rappel*, de la *Fronde*, du *Radical*, du *Siècle*, de la *Lanterne* etc. de l'appui efficace et sincère qu'ils nous ont apporté. Cependant, parmi tant de commentaires, il n'a pas manqué de se produire plusieurs erreurs d'interprétation, prêtant aux malentendus et à l'équivoque. C'est précisément à ces erreurs, à ces malentendus, à ces équivoques que je me propose de répondre ici. Puissé-je réussir à les dissiper ! Quoiqu'il en soit, mes explications auront en outre le mérite de présenter sous son jour véritable le caractère de notre entreprise.

***

Dans son numéro du 17 novembre le *Temps* publiait un important article sur le Collège d'Esthétique, dans lequel nous découpons les lignes suivantes:

« Quoi ? un Collège d'Esthétique ? Et « Moderne » ? Parfaitement ! De jeunes « novateurs » ont résolu d'apprendre à des écrivains encore plus jeunes qu'eux et qui cherchent leur voie, ce que c'est que l'art et quelles sont les lois fondamentales de l'Esthétique. Ces novateurs monteront en chaire ; ils feront de doctes exposés. Du haut du ciel, sa demeure dernière, le bon Despréaux doit être content ! Il doit surtout être étonné. Comme, au fond il n'était pas une bête, il a dû se dire plus d'une fois à lui-même que son *Art Poétique* ne serait plus recommencé, qu'il avait tué sous lui le genre. Il se trompait. Il était trop modeste ! Le genre a survécu. Notre temps (qui l'eût dit ?) aura ses « législateurs du Parnasse ». Et ce sont des jeunes ! »

Voilà qui est agréablement dit et conté d'une manière alerte. Mais, puisque le rédacteur du *Temps* compare à Boileau-Despréaux les fondateurs du Collège d'Esthétique Moderne, peut être va-t-il un peu loin. Créer des artistes de toute pièce, comme on fabrique des ingénieurs des Ponts et Chaussées ou des docteurs en droit, telle ne fut jamais notre idée. Les lecteurs de cette revue nous connaissent assez pour ne pas ignorer que jamais nous n'aurions cette témérité ni cette outrecuidance. Ce que nous voulons au contraire, c'est affranchir les jeunes artistes peintres, sculpteurs, musiciens, poètes, d'une foule de préjugés scolastiques, des tyrannies de l'enseignement officiel, de toutes ces théories conventionnelles en contradiction avec l'existence moderne, avec nos mœurs actuelles, avec la vie énorme qui tourne autour de nous. Aux préceptes surannés des éducateurs professionnels, nous opposerons l'exemple des Grands Novateurs contemporains. Nous désignerons aux artistes la grande famille de chefs-d'œuvre à laquelle ils doivent se rallier. Nous leur montrerons la splendeur de leur fonction sociale, le rôle rédempteur et religieux de leur mission.

« A cette heure, où les artistes se proposent d'aller au peuple, où l'on parle d'un art civique et d'une littérature d'action, il fallait qu'ils fussent préparés à cette grande tâche en se rattachant à une tradition d'art révolutionnaire, à une forte méthode de pensée sociale ». Cette phrase que je lis dans l'*Aurore* est suffisamment explicite de notre entreprise. En art le temps des histrions est révolu. Dans la société nouvelle qui s'élabore la place n'est plus aux dilettantes, aux pornographes, aux amuseurs. Le Collège d'Esthétique sera le premier groupement, dans ce sens des énergies, des volontés, des enthousiasmes. Quoiqu'en puisse dire le rédacteur du *Temps*, jamais le bon Despréaux n'avait osé penser à de pareilles choses.

« Mais, continue le *Temps*, aurait-on découvert qu'il y a lieu de respecter de nouveaux canons sacro-saints ? L'art, fatigué lui aussi d'un siècle de liberté, aspirerait-il à être gouverné ? Ce serait un signe des temps et grave. »

Instituer « des canons sacro-saints, » nous n'en avons guère l'intention. Mais, notre aimable confrère niera t-il qu'il existe une science esthétique, et que si cette science est encore rudimentaire, il est cependant louable et légitime de la construire et de l'ordonner. Car les sensibilités, elles aussi, ont besoin d'être instruites. Il ne suffit pas aux hommes de posséder des cerveaux capables d'emmagasiner des notions, il leur faut encore un cœur susceptible de vibrer aux grands sentiments, des nerfs forts, vigoureux et sains. Tout ce superbe mécanisme de sentiments, qui anime l'être humain, souffre et meurt de n'être pas régularisé avec méthode.

« Ce qui manque au peuple, écrivait Albert Fleury, dans sa dernière chronique de *Gallia*, ce qui manque au peuple, ce n'est pas l'instruction, c'est une direction. Les musées existent, c'est certain Pourtant de quelle utilité peuvent-ils être si rien ni personne ne désigne les chefs-d'œuvre. Pour élever le goût d'une nation, pour qu'elle se complaise aux choses de la beauté, c'est peu que les artistes composent leurs travaux si les premiers bateleurs venus peuvent accaparer l'attention publique au même degré. Et puisqu'il est impossible en ce domaine d'imiter les anciens qui détruisaient à l'origine les êtres contrefaits pour obtenir une race d'hommes magnifiques, pourquoi ne tenterait-on pas de légiférer sur ce sujet tout au moins d'éclairer les hommes sur l'art. »

Ce que vient de formuler là Albert Fleury, c'est la définition de la critique, de la critique démocratique et agissante, qui cessant de morigéner les auteurs pour s'adresser au peuple, cessera en même temps d'être « un exercice de haute médisance », pour devenir un pontificat civique, une institution nécessaire. C'est à cette œuvre d'apostolat immédiat et de critique agissante, que se dévouera le Collège d'Esthétique.

Pourquoi ce nom de « Collège » demande encore le

rédacteur du *Temps*? Il est évident que nous ne comprenons pas ce terme dans le sens étroit, universitaire et précis qu'on lui attribue quelquefois, mais dans son sens originel étymologique, primitif, de réunion, d'assemblée, etc...

***

Je crois avoir suffisamment répondu aux arguments du *Temps*, et peut-être pourrions-nous passer à présent à un seigneur de moindre importance. Il s'agit d'un journaliste assez obscur, M. Paul Acker, rédacteur d'une feuille fort peu lue et fort peu réputée, qui s'intitule pompeusement *La République Française*. J'aurais passé sous silence cette opinion, énoncée d'ailleurs dans un langage assez médiocre, si elle ne soulevait pas d'autre part plusieurs questions fort intéressantes.

« Savez-vous de quelles leçons se compose le cours, interroge *La République Française*? M. de Bouhélier nous parlera des petites ouvrières représentatives et messagères de Beauté, du sens héroïque des hommes dans la cité et des actes de la dévotion quotidienne : M. Albert Fleury nous entretiendra des luttes des héros, et M. Montfort dissertera longuement sur la Beauté Moderne. Je me demande avec anxiété ce que nous apprendront ces multiples conversations, et si, quand on veut traiter de l'Esthétique, il est indispensable de chanter les trottins des ateliers et des magasins. »

La République Française essaye de railler la partie de notre enseignement concernant l'Esthétique de la Vie. De pareilles ironies sont grossières et faciles. Mais, sans nous soucier de leur ton, voici sur ce chapitre de notre programme quelques explications nécessaires.

« Les hommes sont des dieux qui s'ignorent » écrivait naguère M. Saint-Georges de Bouhélier. Ils possédent au dedans d'eux même des trésors d'héroïsme et de beauté dont ils ne soupconnent pas l'existence. Extraire par une sorte de maïeutique ce sentiment du divin, le faire apparaître jusqu'à la fleur de l'être, le faire s'épanouir dans tous les actes de la vie quotidienne, l'éducation esthétique n'a pas d'autre objet.

Il n'y a point que les seuls artistes qui créeront de la beauté, mais tous les gens de la cité peuvent et doivent la créer aussi, Rendre l'existence plus conforme aux besoins des âmes et des sens, s'appliquer à tout instant à dégager de la grâce, de l'exquisité et de l'enchantement, ce n'est point là une occupation négligeable. Et n'est-ce pas à quoi s'appliquent, inconsciemment sans doute, des milliers d'artisans? Ceux-ci aussi, nous les éclairerons sur leur rôle. Au lieu de les pousser, par le spectacle de leurs misères actuelles, aux lâches désespoirs et aux stériles humilités, nous nous efforcerons de faire naître dans leur cœur l'orgueil de leurs fonctions, de les convaincre de leur beauté intérieure, de les persuader de leur valeur morale et plastique, de les rendre meilleurs, non pas en insistant sur l'horreur de leurs plaies, mais en les éclairant sur leur vertus inconscientes. Apprendre à la multitude des hommes que le Royaume de Dieu n'est pas ailleurs qu'ici-bas et que le bonheur de la vie, c'est de jouir d'elle en la perfectionnant, en la rendant toujours plus douce à l'humanité victorieuse, est-ce que ce n'est pas encore de l'esthétique, de l'esthétique supérieure, puisque c'est de l'esthétique pratique et quotidienne?

MAURICE LE BLOND.

LE CONGRÈS DE LA JEUNESSE

Le Congrès de la Jeunesse, auquel notre ami Eugène Montfort donnait ses soins depuis plus de six mois, a eu lieu le 1er et le 2 décembre à la mairie du VIe arrondissement.

Les socialistes et les réactionnaires y étaient à peu près égaux en nombre, ce qui a donné à toutes les discussions beaucoup de chaleur. Plutôt que d'en rapporter le procès-verbal que vous avez pu lire dans tous les journaux, il nous paraît intéressant de nous arrêter sur les idées nouvelles qui ont été apportées au Congrès et sur les vérités qui y ont été exprimées.

La première idée est celle de M. Richou sur la *Solidarité universitaire*. Elle est à soutenir et à répandre. M. Richou et ses amis ont fondé une association destinée à aider les étudiants et les jeunes professeurs dans la gêne. Elle les aide sans les humilier et d'une façon toute fraternelle en leur faisant des prêts d'argent sur l'honneur.

Un rapport à retenir est celui de Mme Brémontier sur la suppression de l'internat, où elle a parfaitement indiqué pourquoi il était funeste au point de vue moral et physique de l'individu et au point de vue social. Un autre est celui de Mlle Henriette Meyer sur la coéducation. Mlle Meyer estime que la coéducation produirait d'excellents résultats et elle dit à ce sujet des choses qui valent la peine d'être répétées : *L'éducation mixte aura surtout pour conséquence de rendre moins aigüe et moins dangereuse la rencontre de deux êtres que la passion attire l'un vers l'autre. Elevés ensemble, habitués à discuter librement sur tous les sujets, les jeunes garçons et les jeunes filles n'éprouveront plus les uns pour les autres les sentiments passionnés que font naître chez eux la rencontre imprévue de l'homme pour la femme et de la femme pour l'homme. Les crimes passionnels sont plus fréquents dans les contrées où la vie des hommes est séparée de celle des femmes. (Italie, Espagne, France.) Les pays anglos-saxons, où elles sont réunies, offrent par leur statistique un exemple frappant de la rareté des crimes passionnels qui s'y commettent.*

Notons maintenant le discours de M. Colrat sur le service militaire : il est d'avis que l'on réduise à six mois le service pour tous et qu'on établisse une armée professionnelle.

Enfin nous devons signaler à nos lecteurs la proposition de M. Livet qui a trouvé le Congrès de la Jeunesse si curieux et si utile, qu'il a offert de le recommencer chaque année, et d'organiser entre temps tous les mois, des réunions contradictoires où les représentants des différents partis dans la jeunesse seraient invités, et où l'on viderait toutes les questions que le manque de temps nous a empêché d'aborder au Congrès. Cette proposition a été adoptée avec enthousiasme. « C'est là, le commencement d'un mouvement qui mérite d'être suivi » écrit dans le *Figaro* M. Emile Berr. Nous le croyons aussi et nous pensons que le mouvement d'ûnion de la jeunesse qui partira du Congrès sera infiniment intéressant et fécond.

*
* *

Passons maintenant aux quelques vérités qui ont été prononcées au cours des séances et qui intéressent tous les jeunes gens.

Pendant la discussion sur la condition juridique du jeune homme, de la question du mariage on arriva à celle de l'héritage, de la transmission des biens. « Mais voici une question qui n'intéresse que les capitalistes » s'écria l'un des congressistes. Et le socialiste Fribourg démontra qu'à la base de toutes les questions se posait celle du capital. Ce qui amena J. Paul Boncour à faire cette déclaration très nette : « Aujourd'hui, tout jeune homme doit prendre parti pour ou contre le collectivisme, pour ou contre le capitalisme.

Une autre vérité : Eugène Montfort était chargé du rapport sur les tendances morales de la Jeunesse : « Notre jeunesse, dit-il, pense que c'est la science qui forme les idées morales. Ainsi c'est Bichat, Claude Bernard et Berthelot, qui ont détruit pour nous le catholicisme. Notre jeunesse est pour la science contre les religions révélées, pour le socialisme contre les réactionnaires. Notre jeunesse est active et enthousiaste, elle est remplie de foi et d'idéal, mais d'un idéal tout positif et réaliste. »

Sur le nationalisme, Henri Vaugeois, directeur de l'*Action française*, fait des déclarations qui ne manquent pas de saveur et qu'il faut retenir : « Nous sommes anti-démocrates, a-t-il dit. Nous ne voulons pas du gouvernement du peuple qui ne sait rien et qui est incapable de s'instruire, n'étant apte qu'à recevoir des idées fausses. »

La discussion sur les Universités populaires fut aussi très utile à suivre. Il n'y eut que les catholiques qui donnèrent à M. Deherme leur approbation complète sur son initiative d'appeler un prêtre au faubourg Saint-Antoine. Ce qui semble bien prouver qu'eux seuls profiteraient de cette nouveauté. Or, comme le but de M. Deherme n'est pas de soutenir les catholiques, il parait, en vérité, qu'il a commis une maladresse. Madame Brémontier l'a expliqué en quelques mots. Elle a très justement dit que le peuple n'était pas assez instruit pour qu'on puisse un jour lui présenter une doctrine, le lendemain la doctrine contraire sans jeter son esprit dans un grand trouble. Ch. Brun a défendu avec talent la cause de M. Deherme.

Marc Sangnier, le président du *Sillon*, a éloquemment montré les vices de l'armée actuelle. « On ne crie : Vive l'armée ! a-t-il dit, que lorsqu'on n'y est pas. En réalité, à la caserne la démoralisation est épouvantable. Ce qui est nécessaire c'est la transformation morale des officiers. Qu'ils aiment davantage leurs hommes, qu'ils cherchent à les instruire, qu'ils deviennent leurs maîtres et leurs amis. » Maurice Le Blond chargé du rapport sur le service militaire a réclamé aux applaudissements de l'assistance la réduction du temps de service et la suppression des conseils de guerre.

Dans la journée du dimanche, un rapport sur le Naturisme a été lu par Albert Fleury. Il a montré notre effort vers le peuple, vers la vie et vers l'action. Il a expliqué que notre génération ne voulait plus de l'art pour l'art, mais de l'art social, et il a établi la formule de notre morale panthéïste. Le Congrès a écouté Fleury avec beaucoup d'intérêt et lui a réservé un excellent accueil. Un des auditeurs même, enflammé par la conception naturiste du poète, a proposé un ban pour l'orateur. Puis une longue et intéressante discussion sur le rôle de l'artiste et de l'écrivain dans la société a suivi, à laquelle ont pris part MM. Sangnier, Richou et Colrat. Toutes nos tendances et notre action ont été chaudement approuvés par l'Assemblée.

C'est Eugène Montfort qui, le samedi a présidé le Congrès de la Jeunesse, et J. Paul Boncour le dimanche.

*
* *

Ces deux journées auront été excellentes et profitables à tous. D'opinions différentes, nous avons discuté avec passion, et nous avons fini par nous entendre sur bien des points.

« C'est un congrès original, dit le *Siècle,* que celui où nous avons eu l'heureuse surprise d'entendre un démocrate chrétien, qui, réserves faites sur la foi qui l'inspire, se trouvait, sur la plupart des questions, en complète conformité de vues avec les républicains et les socialistes, où nous avons vu les nationalistes, mis au pied du mur par le même orateur, déclarer que la guerre est « odieuse » et que le militarisme est une « monstruosité » nécessaire, où nous avons vu de jeunes ouvriers révolutionnaires, inaccoutumés à la contradiction sérieuse, obligés de reconnaître la sincérité de leurs adversaires, et solliciter à leur tour une discussion ouverte et contradictoire. »

Nous nous serons connus, rapprochés les uns des autres, mieux compris. Nous en ressentirons tous les heureuses conséquences, et pour notre part c'est avec impatience que nous attendons l'ouverture des Conférences contradictoires de la Jeunesse.

Alfred Robert.

LA PEINTURE

L'EXPOSITION DE CLAUDE MONET CHEZ DURAND-RUEL. — Chaque fois que Monet expose, il révèle une manière nouvelle, une sensibilité différente, une connaissance plus étendue de la nature. C'est là ce qui rend ce peintre admirable, égal aux maîtres les plus grands, supérieur à tous les autres. Il y a vraiment dans Monet une aptitude à découvrir les diverses parties du monde, à les reproduire en traits fixes, précis, à les faire vivre sous les yeux comme s'il les avait détachés de l'univers, et cette faculté est profonde, extraordinaire. Analyser l'œuvre de Monet serait décomposer les éléments mêmes de la vie universelle.

Monet a peint déjà des *Meules*, il les a montrées baignant dans le jour, pénétrées d'air, vaporisées, tantôt prenant des tons épais, tantôt lourdement envahies par la lumière, et toute cette série était prodigieuse. Il y a quelques années, nous avons pu voir réunies une cinquantaine de toiles brillantes représentant toujours la *cathédrale* de Rouen. Et les compositions d'aube, de pierres imbibées de soleil, de roches verdâtres, roses, cristallines, polies, poreuses, d'herbes changeant de coloration avec les différences de l'heure et du moment, de masses traversées éclairées, chargées de lueurs, de ciel, de minerais, de matières, de bois, de substances, de métaux passant tour à tour par les teintes les plus diverses, toutes ces études étaient d'une dureté incroyable, d'une beauté de chimie vivante, d'une splendeur et d'un rayonnement impérissable. Et aujourd'hui voilà un groupe de dix tableaux à peu près, ensemble formé par Monet dans le but de nous découvrir l'existence d'un riche champ d'iris dans la clarté !

Il faut aller voir ces toiles vives, trempées de violet et de vert, d'une somptuosité magnifique et resplendissante des couleurs ici et là les plus pompeuses, ailleurs les plus suaves, les plus tendres, les plus charmantes qu'un peintre puisse reproduire, sans cependant se lasser et sans jamais fatiguer, un site de fleurs violettes surnageant et coupé parfois de flaques d'eau morte, c'est absolument remarquable, inouï et beau. Faut-il citer, faire un choix entre les tableaux différents dont l'un vaut par l'éclat aigu de la couleur, l'autre par une fureur sourde et douce, celui-ci par la force massive des agglomérations de forces et de lumières, celui-là par les teintes diffuses, molles, évanouies, mêlées, non fondues, vagues, légères ? Cela me semble impossible. Il est nécessaire d'aller les voir tous, pour s'enrichir de connaissances inattendues, pour s'accroître d'émotions nouvelles et pour jouir de félicités incomparables.

SAINT-GEORGES DE BOUHÉLIER.

LES LIVRES

OCCIDENT, par Mme Lucie Delarue-Mardrus (édition de la *Revue Blanche*). — Un début qui promet : Mlle Delarue Mardrus a des poèmes non pas beaux, mais éclatants souvent ; une inspiration ingénieuse et franche, un lyrisme fort éloquent rendent le volume intéressant tout à fait. Citer les vers de cette *Etreinte Marine* :

Une voix sous marine enfle l'inflexion
De ta bouche et la mer est glauque tout entière
De rouler ta chair pâle en son sommeil profond

D'autres tirés, de l'*Orgueilleux pressentiment* :

Mon génie est en moi profond et solitaire
Emplissant ma journée et ma veille nocturne
Comme une flamme dont, vestale taciturne,
J'attise le foyer dans l'ombre et le mystère.

Et voilà indiqué le caractère poétique des œuvres qui composent le volume de Mme Mardrus. Quelque chose de ferme et de farouche, gonfle, anime et soulève ces strophes dont le contour a la rudesse d'un profil de vierge irritée et palpitante.

SAINT-GEORGES DE BOUHÉLIER.

LE GESTE D'ACCUEIL par Marie et Jacques Nervat (Bibliothèque de l'*Effort*). — Marie et Jacques Nervat chantent d'une voix alternée, l'une l'émotion que l'autre lui inspire, le second les sentiments que lui communique la première, et ainsi ils composent sans y prendre peut-être garde un joli et gentil volume plein de petits poèmes qui valent par un son doux, par une élocution facile et par une grâce attirante :

LUI :

Douce, écoute mourir le murmure de l'âtre :
Ici tes rêves confus aux contours de sa flamme,
Et reposant ta joue sur mon épaule, songe
Aux lendemains d'amour dans notre esprit profond.

Et ailleurs celle-ci lui parle, et c'est du même ton tendre et délicat :

ELLE :

Ah ! lorsque tu me tiens dans tes bras toute pâle
De ton étreinte et de la beauté de la nuit
Quand je baise tes yeux, alors sous les étoiles
Sens-tu sous mon baiser naître de l'infini ?

Tels sont ces vers que je recommande moins pour leur qualité expressive et plastique que pour leur charme de sentiment et de couleur Ils sont graves et chatoyants. Ils font allusion à des scènes intimes, à des paysages naturels, à des contrées et à des épisodes d'une grande douceur.

St-G. DE B.

L'OMBRE AMOUREUSE, par Edmond Blanguernon. (Edition du « Beffroi »). — Ce recueil est tout plein de vers charmants et de vers très jeunes. Il y a des maladresses, des inexpériences, des gaucheries, et il y a aussi des trouvailles fort délicates et des élans d'une délicieuse sentimentalité. M. Edmond Blanguernon est un poète du *Beffroi* qui se publie à Lille. Cette revue réunit, dans notre Nord, des éléments sincères et par cela même peu bruyants. Ce groupe est composé de talents sympathiques dont M. Blanguernon n'est pas un des moindres. Il y a telles pièces, de cette *Ombre amoureuse*, qui possèdent des qualités d'enveloppement avec une note de tristesse tout à fait sensible. On sent parmi ces vers la brume alanguissante des paysages qu'ils chantent ou qui les ont fait naître. La nostalgie des ciels de Flandre s'épand dans l'âme du poète et nous comprenons intimement de tels accents :

Le monotone ennui des heures toujours mêmes...
Il est des jours longs et moroses,
Où, pour d'inexplicables causes,
Des pleurs viennent au bord des cils...
Les soirs silencieux pleins de rumeurs obscures...

Il y a aussi une suite de petites chansons, d'un aspect plus léger, dont une *Fantaisie en Blanc*, possède un certain charme où Pierrot s'évoque doucement. Nous n'hésitons cependant pas à préférer, des poèmes de M. Blanguernon, ceux dont l'essence est plus particulière et l'inspiration plus directe, tels que *La Fleur*, *Pamoison* et enfin *Les Lassitudes*. Un peu de l'âme de Verlaine flotte bien de ci de là dans ce livre, mais quand M. Blanguernon se sera totalement imprégné des parfums pénétrants de sa patrie — immensité des plaines, mines fantastiques, usines, fumées du ciel — il nous donnera, ce livre nous en est garant, de belles strophes et d'âpres impressions. A. F.

LES FILLES D'ÉROS, par Touny Lérys (Bibliothèque de *Gallia*). Voilà une excellente plaquette de début. Du souffle dans le lyrisme et de l'aisance dans la manière poétique. Touny Lérys y a chanté en des vers païens et sensuels les visions et les rêves d'une adolescence amoureuse, éprise de la vie :

Nous tordons nos bras nus sur nos poitrines blanches,
L'argent des bracelets a mutilé nos seins,
Du péplum a surgi l'écume de nos hanches
Et nous avons courbé notre torse et nos reins.

Cette strophe qu'il met dans la bouche des courtisanes atteste un talent délicat et dejà sûr. M. L.

LA MAISON par Georges Bouyer (Léon Vanier édit.) Ces poèmes témoignent d'une vision délicate, transparente et gracieuse de la vie et des choses. De ci, de là, des notes tendres et gaies, des vers d'une exquise légèreté.

Parfois aussi, des nuances un peu fades et des accents un peu quelconques.

M. Georges Bouyer commence par chanter les fleurs, les joues fraîches de la petite amie, mille sensations de l'univers égoïste. C'est un poète d'intimités. Mais, le jour où le beau l'inquiétera plus que le joli, quand il se sera créé une idée plus haute et plus forte de la fonction poétique, je suis persuadé qu'il écrira une œuvre solide et peut-être définitive. Georges Bouyer est un nom que nous pouvons noter. M. L.

LA FAUSSE GLOIRE, par Henry de Bruchard (STOCK éditeur). — Henry de Bruchard s'est fait connaître en littérature par une série de brillants exploits exécutés pendant l'affaire Dreyfus. C'est un terrible garçon plein d'amour pour la logique, qui raisonne bien l'épée à la main, et qui sait dans une foule se livrer à des démonstrations d'une clarté merveilleuse. Ces qualités devaient transparaître dans son premier roman : j'espérais y trouver le récit de belles aventures exécuté dans un style rouge et bouillonnant ; or le livre n'est qu'une histoire électorale assez ennuyeuse ; il me semble que de Bruchard s'est trompé, il aurait dû choisir un sujet mieux dans son tempérament, il le fera sans doute pour son second roman que nous attendons avant de porter un jugement sérieux sur un de nos plus vivants et sympathiques camarades.

E. M.

L'AURORE DE LA CIVILISATION ou l'Angleterre au XXe siècle, par J.-C. Spence, traduit de l'anglais par Alfred Naquet et Georges Mossé (P.-V. STOCK, éditeur.)

Tandis que, grâce à l'orientation inquiétante de sa politique extérieure, l'Angleterre occupe en ce moment l'attention de l'Europe entière, rien n'est plus intéressant que le livre du philosophe et savant J.-C. Spence, dont MM. Alfred Naquet et Georges Mossé viennent de nous donner la traduction. En une série de chapitres, d'une forte argumentation, d'une documentation très nourrie, l'auteur passe en revue chacune des diverses branches de l'état social et économique : gouvernement, politique, impôts, guerre, religion, science, éducation, mariage. Ce qui rend cette œuvre originale et curieuse, la distingue des études similaires, et même lui donne un attrait, un charme de récit romanesque, c'est qu'elle est tout ensemble une critique approfondie de la société à la fin de ce siècle et un tableau présumé de la civilisation au xxe siècle. Hardiment, l'auteur anticipe sur les événements, sur l'évolution logique des questions sociales, morales et économiques du moment Par exemple, M. J.-C. Spence s'est peut-être, à propos de divers sujets, laissé abuser par des vues trop personnelles, par certaines préférences marquées. Aussi plusieurs de ses théories et quelques-uns de ses arguments suggèrent des objections que, d'ailleurs, M. Naquet lui adresse dans une préface-polémique d'une courtoisie exquise.

En outre du puissant intérêt du sujet lui-même, cette œuvre n'est pas banale surtout par le ton de quasi-enjouement avec lequel elle est traitée. Et entr'autres nombreux mérites, la traduction de MM. Georges Mossé et Alfred Naquet se signale par une verve tranquille, quelquefois humoristique, rappelant les articles de Cornély qui ont tous la placidité de la raison et de la vérité.

Amédée Boyer.

LIVRES REÇUS

Mérgem, par Paul Brulat (Borel). -- *Le Calvaire*, par Octave Mirbeau (Ollendorf). — *Les mimes d'Hérondas*, traduits par Quillard (Mercure de France). — *La Vertu Suprême*, par Joséphin Péladan (Flammarion). — *La Fausse Gloire*, par Henry de Bruchard (Stock). — *Chefs-d'Œuvre du théâtre espagnol*, traduits par Clément Rochel (Garnier). — *La Visitation, la Terre éternelle*, par P. L. Garnier (Stock). — *Enquête sur la monarchie*, par Charles Maurras (éd. Gazette de France). — *Lettres à Angèle*, par André Gide (Mercure de France.)— *Lettre à Monsieur François Coppée*, par Juan Enrique La garrigue. — *A l'ombre du Portique*, par Louis Payen. — *Les Echos et les Fleurs*, par Albert Brandenburg. — *La faiseuse de Gloire*, par Paul Brulat (Villerelle).— *L'Avenue des Douleurs*, par Eugène Herdies. — *La Prisonnière*, par Eugène Morel (Flammarion). — *En regardant la Vie*, par Alice Canova (La Critique). — *L'Education et la Liberté*, par Manuel Devaldès (La Critique).

LES REVUES

Dans la **Revue Socialiste** : *La théorie des facteurs dominants dans l'Histoire*, de Ch. Rappoport, *les aspects juridiques du socialisme, par G. Sorel*.

La **Revue des Revues**, publie une étude de Paul et Victor Margueritte sur le Divorce et d'intéressants renseignements sur Sienkiewicz et sur le roman moderne au Japon.

A **la Revue Blanche**, *La bonne aventure* de Robert Dieudonné et la continuation des notes de Yan-Fou-Li sur la Chine.

Opinions du **Mercure de France** :

« *L'invitation au voyage de M. Duparc me parait très supérieure à celle de M. Gustave Charpentier. M. Gustave Charpentier ne semble pas avoir été heureux dans ses rencontres avec les autres compositeurs* ».

(T. Klingsor).

« *C'est pour ce qu'ils contiennent de malpropre, qu'on lit les contes syphilitiques de Voltaire et cette ennuyeuse Manon Lescaut, si gauchement adaptée de l'Angais.* »

(R. de Gourmont).

Et dire cependant que malgré tout ce que les romans de M. de Gourmont contiennent de malpropre, personne ne les lit !

Dans le numéro du 1er décembre, les rédacteurs du *Mercure* se querellent entre eux. « Cet excellent M. de Souza, il faudrait la plume de l'auteur d'Ubu-Roi, dit-on, pour écrire sur lui comme il convient. C'est le dernier des grotesques. » Pauvre M. de Souza !

A la Plume, du 1er novembre, un petit poème d'Eugène Montfort.

Tu m'as donné un anneau que j'ai porté jour et nuit : il a usé mon doigt, il a formé tout autour un cercle desséché.

Mais hélas ! aujourd'hui je ne sais plus où est mon anneau, je ne vois plus d'or sur mon doigt, seulement une bague de peau sèche.

Mon cœur aussi était plein d'or pour toi. Comme il est silencieux maintenant, comme il est sombre ! Plus de bruit, ni d'éclat... Ecoute, écoute... Non, je n'entends plus rien, mon amour est mort.

Dans **La Vogue**, des *Nouvelles stances* de Jean Moréas. Au **Beffroi**, un article d'Henri Duhem, sur Roger Marx. Dans la **Chronique des Livres**, un article de Charles Maurras sur Joseph Capperon.

Toulouse est catholique avec l'**Ame Latine**, et Paris avec le **Sillon** où l'on nous annonce que M. Bourget va faire vivre des catholiques dans le roman.

Dans le **Pays de France**, un substantiel article de G. Sorel sur la *Nouvelle architecture*; *Souvenir d'Italie*, poème caressant d'André Dumas. Sur *Adam et Eve* des pages d'Henri Michel, tout-à-fait creuses, sans intérêt de style, ni de pensée. Une chronique de Gasquet.

Les Cahiers de la Quinzaine, de Charles Péguy sont intéressants et bien écrits.

Nouveaux confrères: **La Revue Contemporaine** ; **la Revue Nationaliste**.

JACQUES TISSIER.

ECHOS

LA MAISON COMMUNE DU COLLÈGE D'ESTHÉTIQUE MODERNE. — Pour compléter l'œuvre de solidarité et d'art que nous tentons, le collège d'Esthétique Moderne a cru utile d'installer un lieu de réunion dans lequel les adhérents pourront se retrouver chaque jour. Ce sera la Maison Commune où fraterniseront les peintres, les musiciens, les sculpteurs, les poètes, tous les artistes.

Cette Maison Commune que nous comptons élargir plus tard se composera d'abord de deux salles. Une avec table de travail, bibliothèque, etc., qui sera destinée à être le lieu d'étude et de conversation ; la seconde où les peintres et sculpteurs seront libres d'exposer leurs ouvrages, d'accrocher la toile achevée la veille, ou de placer le buste qu'ils viendront de pétrir. Cette salle pourra être également utilisée en vue des auditions musicales ou des récitations poétiques.

Dans cette Maison Commune, les isolés trouveront des amis, les novateurs en rencontreront d'autres capables de comprendre leurs efforts, les esprits curieux d'art nouveau, qui par leurs occupations ont rarement l'occasion de rencontrer de jeunes artistes, auront la facilité de se renseigner ainsi sur les tendances des groupes les plus récents.

Et enfin pour tant de jeunes gens venant de la Province et de l'Étranger, sans relations à Paris, ils trouveront tout de suite dans la Maison Commune un abri familial, un foyer réconfortant de lumière et d'intelligence.

Voici, la concernant, un extrait des statuts du collège :

III. — Une cotisation de trois francs cinquante donne droit à une carte d'entrée permanente à la Maison Commune et aux cours et conférences du Collège d'Esthétique.

VII. Chaque peintre ou sculpteur adhérent a la faculté d'exposer dans la Maison Commune, chaque musicien d'organiser des auditions, chaque poète des récitations.

X. — Les expositions n'étant pas publiques et étant faites spécialement pour les adhérents, ceux-ci pourront se céder des œuvres, sans que l'Administration du Collège d'Esthétique ait en aucun cas à intervenir et sans que ces cessions revêtent un caractère commercial.

XII. — Le Collège d'Esthétique Moderne veut réaliser une Société de fraternité et de solidarité entre tous les artistes, délivrés autant des tyrannies scolastiques, que des sujétions et des entraves matérielles.

Nous comptons sur chaque adhérent pour faire de la propagande, sur tous les amis de la *Revue Naturiste* pour soutenir cette entreprise si originale et intéressante de leur concours et de leur sympathie, pour en parler dans leur cercle et en expliquer les tendances.

NOUVELLES MILITAIRES. — Le nationaliste M. Jacques Bainville qui était parti pour un an au service militaire, vient de faire retour à Paris après un séjour de trois jours et demi au régiment. Aussitôt qu'il fût au corps, en effet, on lui découvrit à propos une affection cardiaque qui jusque-là ne l'avait jamais gêné.

EN L'HONNEUR D'EDMOND PICARD. — On organise à Bruxelles une belle fête en l'honneur du grand avocat Edmond Picard. La vie de cet ami des lettres est un exemple d'énergie et de foi. Possédé d'une passion puissante pour le voyage, pour l'aventure, il part à 15 ans comme mousse pour faire le tour du monde. De retour et un peu apaisé, il commence ces études du droit dans lequel il devait plus tard s'illustrer. Orateur brillant et sérieux, c'est un des sénateurs les plus écoutés au Parlement belge, où il a eu maintes fois l'occasion de défendre l'indépendance de l'art. On sait aussi quel accueil reçoivent chez Edmond Picard nos peintres et nos écrivains. Les plus marquantes des personnalités belges reconnaissantes, se sont donc réunies en comité dans l'intention de lui offrir une fête digne de lui.

Et puisque nous sommes à Bruxelles, annonçons que l'*Art Moderne*, la vaillante revue belge, va sans doute bientôt passer aux mains de Camille Lemonnier assisté par Maurice des Ombiaux.

UNE FIN. — Les lecteurs du *Journal* ont tout de même fini par ne plus pouvoir supporter les Pall Mall de M. Jean Lorrain. Ce recueil écœurant de toutes les ignominies, de toutes les saletés parisiennes, ce catalogue scandaleux et louche ne paraîtra plus. Tout a une fin, même les pires choses. Mais celle-ci a vraiment duré un peu longtemps.

Ne nous félicitons pas trop d'ailleurs, car il est probable que M. Lorrain continuera sous une autre forme ses exploits de plagiaire et son métier de courtier en publicité.

NOTES POLITIQUES ET SOCIALES. — Une bonne nouvelle pour nos lecteurs. A partir du prochain numéro notre ami M. J. Paul Boncour rédigera tous les mois des notes politiques et sociales où il dégagera la morale du fait le plus important du moment.

Louis Cousin.

TABLE DES MATIÈRES

POUR LE

TOME IV

JUILLET-DÉCEMBRE 1900

MICHEL ABADIE

Poème 67
L'heure des Larmes 192

JEAN AMADE

La Maison de l'Amie 76
Notre Toit 77

PAUL ALAVAILL

Printemps 72

CHRISTIAN BECK

Réflexions sur le Naturisme. 97

Les titres en italique sont ceux des poésies.

SAINT-GEORGES DE BOUHÉLIER

Rodin 1
Observations sur la littérature 37
Quatre sonnets 118
La domination du Poète 148
Chant à Krüger 185

PIERRE CAMO

A la gloire des Ancêtres 71

PAUL COULON

L'action dans la littérature et dans l'art. 164

LOUIS COUSIN

Echos. 94, 133, 181, 226

ALBERT FLEURY

Poème 157
Revue des Revues 128
Sur l'Evolution de la Littérature contemporaine . . 203

ÉDOUARD LAURENT

M. Berthelot 158

MAURICE LE BLOND

Etude sur la Presse : Le Journal littéraire 26
A propos d'une enquête littéraire 49
Les actes et les gestes. 122
Le collège d'Esthétique et l'Opinion 209

CAMILLE LEMONNIER

Notes de carnet 13

EUGÈNE MONTFORT

Variations sur la littérature : V. Marcel Prévost . 12
— VI. Octave Mirbeau . 110
— VII. Quelques mots sur Tolstoï et Dostoïevski. 149
— VIII. Maurice Le Blond. 195
L'abîme en soi-même 60

ALFRED ROBERT

Le Congrès de la Jeunesse 215

ANDRIÈS DE ROSA

Le Rêve de Bruneau. 167

ADOLPHE RETTÉ

Se disperser 109

PIERRE SAICLON

Ce qui ne reviendra plus 78

CAMILLE SCHILTZ

Vers 67

PAUL SOUCHON

Critique des revues 44, 79

JACQUES TISSIER

Les revues 179, 225

TOUNY-LÉRYS

La pieuse ivresse. 74
L'Amant. 201

PAUL VERLAINE

Deux poèmes inconnus : *Féroce*. 11
— *Ægri Somnia* 163

LES LIVRES

Poèmes ingénus (Fernand Séverin), *La Vie artistique* (Gustave Geffroy), *Occident* (Delarue-Mardrus), *Le Geste d'accueil* (Nervat), ont été critiqués par Saint-Georges de Bouhélier.

Auguste Rodin (André Veidaux), *La Puissance du théâtre* (Ed. Quet), *Claudine à l'école* (Willy), *A quoi tient l'infériorité française* (Bazalgette), *Napoléon III* (Proud'hon), *Rêve de gloire* (Henry de Braisne), *Crime d'obéir* (Han Ryner), *Pour la Beauté* (Gustave Scheid), *La Maison* (G. Bouyer), *L'Enfant* (J. Gasquet), *Les filles d'Eros* (Touny-Léris), par Maurice Le Blond.

La Carrière d'André Tourette (Muhlfeld), *La Mère et l'Enfant* (Ch.-Louis Philippe), *Trois femmes de la Révolution* (Léopold Lacour), *Elisabeth de Bavière* (Christomanos), *Contes choisis* (Mark Twain), *Façon d'exprimer* (J. Dolent), *Maurice Barrès* (René Jacquet), *Les Jugements du Président Magnaud* (H. Leyret), *La fausse Gloire* (De Bruchard), par Eugène Montfort.

Les quatre saisons (Stuart Merrill), *Au hasard des chemins* (A.-F. Herold), *L'Ombre amoureuse* (Blanguernon), par Albert Fleury.

Les poètes d'aujourd'hui (Van Bever et Léautaud), par Paul Souchon.

L'Aurore de la civilisation (J.-C. Spence), par Amédée Boyer.

Pages 48a, 48b, 83, 84, 85, 86, 87, 88, 89, 90, 91, 92, 130, 131, 132, 172, 173, 174, 175, 176, 177, 178, 220, 221, 222, 223, 224.

Le Gérant : Emile PIVOTEAU, Imprimeur, à Saint-Amand (Cher)

www.ingramcontent.com/pod-product-compliance
Lightning Source LLC
LaVergne TN
LVHW082353160826
845678LV00008B/1827
9782329723112